Marcus Schmieke

Vastu

Marcus Schmieke

Vastu

Gesund und harmonisch wohnen
Ein praktischer Ratgeber

HANS-NIETSCH-VERLAG

ISBN 978-3-934647-54-1

2. Auflage 2007

Lektorat: Martina Klose
Korrektorat: Thomas Menzel

Hans-Nietsch-Verlag,
Postfach 228, D-79002 Freiburg
info@nietsch.de
www.nietsch.de

Inhalt

Danksagung

Dieser Ratgeber ist durch die Hilfe vieler Freunde entstanden, die ich nicht alle namentlich nennen kann. Besonderer Dank gebührt Katarina Rohalova für einige Fotos, Edit Lakatos für das Erstellen zahlreicher Pläne und Grafiken und Simone Sauthoff für das Korrekturlesen des Textes und wertvolle Anregungen.

Einführung: Vastu in Europa

Vastu ist die Kunst, seinen Wohnraum im Einklang mit den eigenen Bedürfnissen zu gestalten. Hierbei werden nicht nur die sinnlichen, ästhetischen und praktischen Gesichtspunkte berücksichtigt, sondern vor allem auch die energetische Wechselwirkung zwischen dem Wohnraum und seinen Bewohnern. Das Ziel des Vastu besteht darin, den Wohnraum den Naturgesetzen entsprechend zu gestalten, sodass er das Energiefeld seiner Bewohner und deren Tätigkeiten optimal unterstützt. So sollte beispielsweise die Energie des Schlafzimmers die Qualität der Ruhe und Erholung besitzen, während im Arbeitszimmer Kreativität, Effizienz und Ausdauer erwünscht sind.

Dieser Ratgeber vermittelt Ihnen die Fähigkeit, die Qualität des Wohnraumes nach einfachen Kriterien zu bewerten und ihm Ihren Wünschen entsprechend eine bestimmte angemessene Qualität zu verleihen.

Obwohl Vastu ursprünglich aus dem indischen Kulturkreis stammt, in dem es über mehr als fünf Jahrtausende hinweg millionenfach erprobt wurde und zur Anwendung kam, steht es unserem europäischen Empfinden weitaus näher als sein chinesisches Pendant, das Feng-Shui. So beeinflusste Vastu schon durch den römischen Baumeister Marcus Vitruv vor mehr als 2000 Jahren die Baukunst der klassischen europäischen Architektur. Vitruvs Werk *De re Architectura* wird im Übrigen noch heute den Architekturstudenten an allen Universitäten der Welt gelehrt. Dieses aus zehn Büchern bestehende Standardwerk weist in seinem Kapitelaufbau und seinem Inhalt unübersehbare Ähnlichkeiten mit dem *Manasara* auf, einem der wichtigsten Vastu-Klassiker Indiens.

Später erfuhr Vastu durch die Stadtvillen und Schlösser des Florentiner Baumeisters Andrea Palladio eine Renaissance in Europa. Vergleicht man dessen Grundrisse mit denen klassischer Vastu-Bauten, so könnte man sie für Beispiele der gleichen Bautradition und Epoche halten, obwohl Tausende von Kilometern und Tausende von Jahren zwischen ihnen liegen. Diese Beeinflussung zeigt, dass Vastu als eine der wichtigsten Wurzeln europäischer Bau- und Wohnkultur angesehen werden kann.

Weitere Hinweise auf die Verträglichkeit von Vastu mit dem europäischen Denken finden sich in der wissenschaftlichen und klaren Darstellung seiner grundlegenden Prinzipien. Die meisten Regeln für die Einrichtung eines Hauses oder die Planung eines Grundrisses lassen sich aus einer kleinen Anzahl energetischer Prinzipien ableiten, die auch bei uns bekannt sind. Die Natursicht des Vastu stimmt mit der derjenigen europäischer Naturforscher wie Viktor Schauberger und Wilhelm Reich überein.

Das Ziel dieses Ratgebers besteht darin, sowohl eine Vielzahl praktischer Hinweise für die Gestaltung des Wohnraumes oder den Bau eines Hauses zu geben, als auch die einfachen zugrunde liegenden Prinzipien darzulegen.

Die Qualität des Wohnraumes

Der Wohnraum als Spiegel des Bewusstseins

Ein erfahrener Vastu-Kenner findet sehr viel über einen Menschen heraus, indem er dessen Wohnsituation betrachtet. Häufig genügt es ihm, einen Grundriss zu analysieren, um Dinge über einen Menschen herauszufinden, die scheinbar gar nichts mit dessen Wohnsituation zu tun haben.

Beispielsweise fragte ich während eines Vastu-Seminars einen der Teilnehmer, dessen Wohnungs-Grundriss gerade besprochen wurde, ob er in seinem Schlafzimmer gut schlafen könne. Obwohl er diese Frage bejahte, zweifelte ich daran, da er genau auf einem gestörten Energiepunkt schlief, der mit Atembeschwerden und einem unruhigen Schlaf in Zusammenhang steht. Solche energetischen Schlüsselpunkte lassen sich im Vastu aus der Geometrie des Grundrisses ermitteln. Als ich ihm diese Zusammenhänge darlegte, berichtete er uns von seinen chronischen Atembeschwerden beim Schlafen, die dazu führten, dass er zeitweise mit Atemmaske schlafen musste.

Doch nicht nur solche gesundheitsbezogenen Aussagen lassen sich aus dem Grundriss oder der Einrichtung einer Wohnung ableiten. Auch Aussagen über die Beziehungsstruktur innerhalb der Familie oder zu Freunden oder die finanzielle Situation sind möglich. Selbst der Charakter eines Menschen kann sich in seiner Wohnung in erstaunlichem Maß widerspiegeln.

Hieraus ergibt sich die grundlegende Frage, wie und inwieweit sich die Wohn- und Lebenssituation eines Menschen gegenseitig beeinflussen. Sollte man die Ursache für die einzelnen Probleme prinzipiell in der Einrichtung oder dem Grundriss seiner Wohnung suchen?

Die Antwort lautet, dass die Wohnung ein Spiegel des Bewusstseins eines Menschen ist und daher auch mit dessen Lebenssituation in Zusammenhang steht. Selbst wenn man entdeckt, dass sich ein schwerwiegendes Lebensproblem in der Anordnung der Wohnräume widerspiegelt, kann man nicht davon ausgehen, dass die Ursache für das Problem in der falschen Anordnung der Räume liegt. Diese ist lediglich eine äußere Manifestation der inneren Ursachen des eigentlichen Problems und gibt damit gleichzeitig einen Hinweis zu dessen Lösung.

Dementsprechend ist die Beseitigung der äußeren Widerspiegelung des Problems ein Anstoß, auch eine innere Veränderung vorzunehmen, da sich sonst das gleiche Problem in einem anderen Bereich wieder manifestieren kann. Die bewusste Auseinandersetzung mit der Qualität des Wohnraumes wird jedoch fast immer von einer inneren Bewusstwerdung begleitet, sodass die bestehenden Probleme wirklich an der Wurzel gepackt werden können.

Dieser Sichtweise liegt die alte Weisheit zugrunde, dass man in der äußeren Welt immer wieder Dinge erfährt, die man in seinem eigenen Inneren durch seine Gedanken und sein Bewusstsein geschaffen hat. Menschen verhalten sich uns gegenüber auf eine Weise, die unser eigenes Verhalten ihnen gegenüber widerspiegelt. So genannte Zufälle honorieren unsere guten oder schlechten Verhaltensweisen und auch die scheinbar unbelebte Natur wird von einer umfassenden bewussten Intelligenz gesteuert, die dem Menschen gerade in seiner Wohnung den Spiegel vorhält.

Ich empfehle den Menschen daher, ihr eigener Vastu-Berater zu werden, indem sie beginnen, mit dem Raum, der sie umgibt, zu kommunizieren. In einigen Fällen mag es ratsam sein, einen ausgebildeten und erfahrenen Experten zurate zu ziehen, doch selbst dann sollte man selbst nachvollziehen, was die Sprache des Raumes bedeutet, und die empfohlenen Korrekturen mit großer Aufmerksamkeit durchführen. Je stärker man selbst aktiv wird und sich mit seiner direkten Umgebung, dem Wohnraum, beschäftigt, desto größer wird der Erfolg sein.

Das Energieprinzip

Das Haus stellt für den Menschen eine Art zweiten Körper dar. Ebenso wie der erste Körper des Menschen ein komplexes energetisches System mit Meridianen, Akupunkturpunkten, Chakras usw. besitzt, ist auch das Haus oder die Wohnung als sein zweiter Körper von einer Vielzahl feiner Felder durchdrungen. Während die elektromagnetischen Felder, die den Wohnraum erfüllen, physikalisch nachweisbar und messbar sind, sind mit diesen wiederum feinstoffliche Felder verbunden, die zwar vom Menschen wahrgenommen werden, jedoch bisher mit physikalischen Methoden nicht messbar sind. Hierzu gehören sowohl Erdstrahlen als auch die feinen Energien der Planeten, die den Menschen unmerklich beeinflussen. Die Gesamtheit dieser Felder bildet das so genannte Biofeld des Hauses.

Das Biofeld des Hauses

Das Biofeld des Hauses tritt mit dem Biofeld des menschlichen Körpers auf der einen Seite und den Biofeld der Natur bzw. der Erde auf der anderen Seite in Wechselwirkung. Diese drei Felder beeinflussen sich gegenseitig und wirken insbesondere auf den Geist und den Körper des Menschen. Das Biofeld des Hauses stellt hierbei den Mittler zwischen der Umgebung und den Hausbewohnern dar. Es ist ein Schutz für den Menschen, der schädliche energetische Einflüsse abschirmt, kann jedoch auch wie eine Linse wirken, die solche Einflüsse auf die Bewohner fokussiert. Die Qualität dieses Biofeldes hängt von einer Vielzahl von Faktoren ab, die sich folgendermaßen grob gliedern lassen:

1. Die Orientierung des Raumes

Die Orientierung des Hauses in Beziehung zu den Himmelsrichtungen beeinflusst wesentlich die Qualität seines Biofeldes. Die magnetischen Feldlinien verlaufen auf der Erde aus dem Norden in Richtung Süden und mit ihnen fließen auch wichtige feinstoffliche Energien. Daher sollte das Haus im Idealfall parallel zu diesen Feldlinien ausgerichtet werden, damit sich innerhalb des Hauses ein harmonisches Feld ausbilden kann, das keinen Verzerrungen unterliegt. Ist das Haus oder ein einzelner Raum gegenüber diesen Feldlinien verdreht, so können sich die Felder innerhalb seiner Wände nicht parallel zu diesen ausbilden, sodass es zu einer ungleichmäßigen Verteilung und zu Blockaden im Fluss der Energie kommen mag. Beträgt die Abweichung von den Haupthimmelsrichtungen weniger als 10°, so sind die Verzerrungen minimal.

2. Die Form des Raumes

Neben der Orientierung spielt auch die Form eines Raumes bzw. Hauses für die Qualität seines Biofeldes eine wesentliche Rolle. Ideal ist die Form eines Quadrates oder Rechtecks, da sich darin die aus den Haupthimmelsrichtungen in den Raum einfließenden Energien optimal verteilen können. Jede Abweichung von dieser Idealform bewirkt eine Verzerrung des Energiefeldes.

3. Maße und Proportionen

Da jedes Energiefeld aus Schwingungen besteht, beeinflussen auch die Maße und Proportionen des Raumes seine Qualität wesentlich. Ein Raum ist mit dem Resonanzkörper einer Violine vergleichbar, der besonders durch seine Proportionen auf einen bestimmten Schwingungsbereich abgestimmt ist. Ebenso bewirken bestimmte Proportionen und Maße des Raumes eine Verstärkung der positiven energetischen Schwingungen, während disharmonische Proportionen wiederum zu einer Verzerrung des Energiefeldes führen können. Ebenso wie in der europäischen Harmonik werden im Vastu ganzzahlige Verhältnisse bevorzugt. Beiden Disziplinen liegt das Verständnis zugrunde, ein Bauwerk als eine Art musikalisches Kunstwerk anzusehen, in dem sich die harmonikalen Gesetzmäßigkeiten der Musik verwirklichen sollten, um einen harmonischen Wohlklang aller Schwingungen zu erzielen.

4. Das Baumaterial

Jedes Material übt über seine rein physikalischen Eigenschaften hinaus energetische Wirkungen auf den Menschen aus. Auch im Vastu gilt, dass diese Wirkung um so förderlicher ist, je natürlicher das verwendete Baumaterial ist und je schonender es verarbeitet wurde.

Die traditionellen Baumaterialien im Vastu sind Holz und Lehm, doch auch Naturstein fand in Indien vielfach Verwendung. Heute erfreut sich die Holz- und Lehmbauweise auch in Europa wieder steigender Beliebtheit. Holz und Lehm sind lebendige Baustoffe, die das Haus zu einer organischen Hülle werden lassen. Sie bieten Schutz, Stabilität und gleichzeitig Beweglichkeit, Offenheit und Atmungsfähigkeit.

Auch die Ziegelbauweise hat im Vastu Tradition. Es kommt jedoch beim Bau darauf an, was zusätzlich verwendet wird. Die meisten Giftstoffe in Wohnräumen stammen von Dämmmaterialien, Holzschutzmitteln und anderen sekundären Baustoffen.

5. Die Umgebung (zum Beispiel Gewässer, Berge, Bäume)

Der stärkste Einfluss auf die Qualität des Wohnraumes kommt von außen. Was von der Natur selbst ausgeht, besitzt immer eine stärkere Wirkung als vom Menschen geschaffene Einflüsse. Daher spielt die Beschaffenheit der Umgebung für die energetische Qualität des Wohnraumes eine große Rolle. Insbesondere die Lage von Seen, Flüssen, Bergen, Bäumen, Straßen und hohen Gebäuden ist zu beachten.

6. Strahlungen aus der Erde

Einen weiteren wichtigen Einfluss stellen die unsichtbaren Strahlungen dar, die den Wohnraum entweder von unten aus der Erde oder von oben aus dem Kosmos erreichen. Auch aus der horizontalen Ebene gelangen Strahlungsflüsse in den Wohnraum hinein. All diese Einflüsse müssen in Verbindung mit den spezifischen Beurteilungen des Vastu gesehen werden.

Die Hauptenergieströme der Erde

Auf dem Erdplaneten gibt es zwei globale Energieströme, die in jedes Grundstück, in jedes Gebäude und in jeden Raum einfließen. Der erste Strom wird organische Lebensenergie genannt und fließt entlang der magnetischen Feldlinien aus dem Norden in Richtung Süden. Dieser Strom transportiert die organische Lebenskraft der Erde und hat einen weiblichen Charakter. Seine Qualität ist mütterlich, nährend, Substanz bildend, beschützend und kühlend. Die organische Lebensenergie ist heilend, baut den Körper auf und schafft eine geschützte Atmosphäre.

Im rechten Winkel dazu fließt aus dem Osten die solare Lebensenergie ein, deren Ursprung in der Sonne und den kosmischen Kräften liegt. Sie ergänzt die organische Lebensenergie der Erde zur gesamten Lebensenergie. Ihre Qualität ist heiß, energetisch, inspirierend und männlich. Sie bewirkt Vitalität, verleiht Zeugungskraft und versorgt mit Energie.

Beide Energieströmen ergänzen einander zu der einen vollständigen Lebensenergie. Die eine kann ohne die andere kein Leben hervorbringen oder erhalten. Es bedarf immer beider Aspekte im

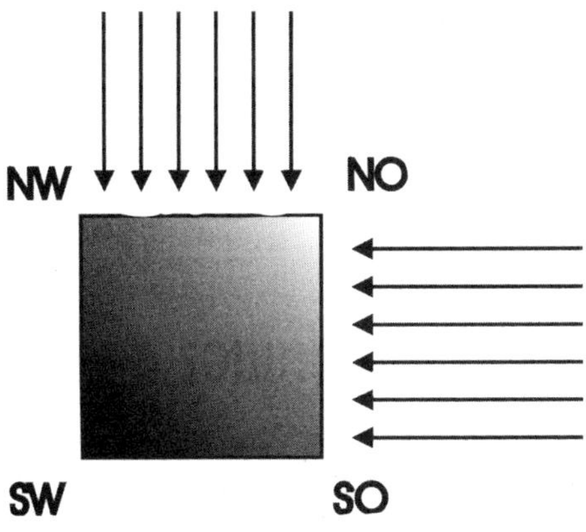

Energieflussdiagramm

Gleichgewicht, um ein lebenserhaltendes Energiefeld zu schaffen. Dominiert die organische Kraft des Nordens, wobei es an der solaren Energie des Ostens mangelt, so fehlten dem System die Vitalität, das Feuer und somit der innere Antrieb. Es mag zu Trägheit, Erstarrung, Übergewicht und Lethargie kommen. Dominiert auf der anderen Seite die östliche solare Energie über den heilenden Energiestrom des Nordens, so fehlt als Gegengewicht zu dem starken Feuer des Ostens die nährende Substanz des Nordens, sodass es zu Substanzverlust, degenerativen Prozessen und starkem Verschleiß kommen mag.

Die Dynamik dieser beiden Aspekte der einen Lebensenergie weist auf die besonderen Bedeutungen des Nordens und Ostens im Vastu hin. Ihre Qualitäten sind denen des Westens und Südens vorzuziehen, worin bereits die Hauptpolarität des Vastu begründet liegt. Besäße ein Haus beispielsweise einen offenen Osten, während der Westen durch ein Nebengebäude oder durch fehlende Fenster blockiert wäre, so würde sich diese Geschlossenheit des Westens nicht negativ auswirken. Zwar gelangt das Licht des Sonnenuntergangs nicht in den Wohnraum, doch steht ihm die vollständige Kraft der Sonne aus dem Osten zur Verfügung, wodurch die Vitalität des Biofeldes gewährleistet ist. Der umgekehrte Fall eines geschlossenen Ostens mit offenem Westen wäre hingegen negativ zu bewerten, da in diesem Falle die solare Lebenskraft fehlte.

Das Gleiche gilt für die Nord-Süd-Polarität. Öffnet man den Süden für die Mittagssonne, während der Norden geschlossen bleibt, um Heizkosten zu sparen, so isoliert man den Wohnraum von der wichtigsten Quelle, der heilenden, organischen Lebensenergie. Das Biofeld des Hauses verliert damit seine gesundheitserhaltende, aufbauende, beschützende und nährende Qualität. Der umgekehrte Fall eines offenen Nordens mit geschlossenem Süden ist zwar in unseren Breitengraden aufgrund der fehlenden Einstrahlung der Mittagssonne aus dem Süden nicht so beliebt, würde sich jedoch positiv auf die energetische Gesamtsituation auswirken.

Am besten sollte ein Haus oder eine Wohnung Fenster und Türen in allen vier Himmelsrichtungen haben, um ein ausgewogenes Energiefeld zu gewährleisten, am wichtigsten sind jedoch der Norden und der Osten.

Das Tor der Energien im Nordosten

Beide Energieströme aus Norden und Osten verbinden sich zu einem einzigen Strom, dessen Qualität von der Stärke der Öffnung dieser beiden Richtungen abhängt. Ist der Norden stärker geöffnet, so ist der Energiestrom kühler und weiblicher, während er vitaler und wärmer ist, wenn der Osten dominiert. Legt man die Regeln der Vektoraddition zugrunde, so erhält man einen resultierenden Energiefluss aus dem Nordosten in Richtung Südwesten. Der Nordosten spielt daher als Verbindungsbereich zwischen Norden und Osten für die Energetik des gesamten Biofeldes eine wichtige Rolle. Er stellt gleichsam das Tor der Energien zum Grundstück und zum Haus dar. Ist der Nordosten offen und frei, so können die Energien dort einfließen und sich auf dem ganzen Grundstück verteilen. Ist er jedoch blockiert und geschlossen, so ist das gesamte Biofeld geschwächt. Ein solcher Fall liegt beispielsweise vor, wenn der Nordosten des Grundstücks mit hohen Bäumen verstellt ist, wenn sich dort ein hohes Gebäude befindet oder wenn das Haus im Nordosten keine Fenster besitzt.

Allgemein gilt, dass, was immer sich im Nordosten des Grundstücks bzw. des Hauses befindet, die Qualität des gesamten Biofeldes beeinflusst. Daher sollte der Nordosten nicht mit abbauenden Energien wie denen einer Toilette, eines Abstellraumes oder eines Müllraumes belastet werden. Hervorragend geeignet ist der Nordosten für anspruchsvolle Nutzungen im intellektuellen Bereich, als ein Meditations- oder Lesezimmer oder als ein freier Bereich im Wohnzimmer. Je mehr freier Raum sich dort befindet, desto besser können sich die einfließenden Energien entfalten.

Die Polarität des Biofeldes

Vereinfacht gesprochen lässt sich das Biofeld eines Raumes oder Grundstücks in zwei Bereiche unterschiedlicher Polarität aufteilen. Die nordöstliche Hälfte des Feldes besitzt ein stärkeres Potenzial positiver Energien, während das Potenzial der südwestlichen Hälfte als negativ bewertet wird. Die frischen Energien, die im Norden und Osten des Grundstücks einfließen, verbrauchen sich auf ihrem Weg durch das Grundstück bzw. Haus und mögen je nach der Beschaffenheit des Hauses bzw. Grundstücks im Süden oder Westen bereits negativ belastet sein. Dieser Gedankengang liegt der Aufteilung des Biofeldes in einen positiven (Norden, Osten und Nordosten) und einen negativen Bereich (Süden, Westen und Südwesten) zugrunde.

Diese Aufteilung bedeutet nicht, dass der Süden und Westen prinzipiell negativ zu bewerten sind, sondern lediglich, dass dort ein größeres Potenzial für negative Energiefelder besteht als im Norden und Osten. Dieses Potenzial manifestiert sich jedoch erst dann, wenn die Prinzipien des Vastu grob verletzt werden.

Besitzt ein Haus beispielsweise ein großes Fenster im Osten, durch das die Energie der Sonne in den Wohnraum gelangt, und kann diese auf einer geraden Linie durch das Haus fließen, wobei sie im Westen wieder auf ein Fenster oder eine Ausgangstür trifft, so entspricht dieses den Prinzipien des Vastu. Dieser positive Energiefluss bewirkt, dass die Energien sowohl im Osten als auch

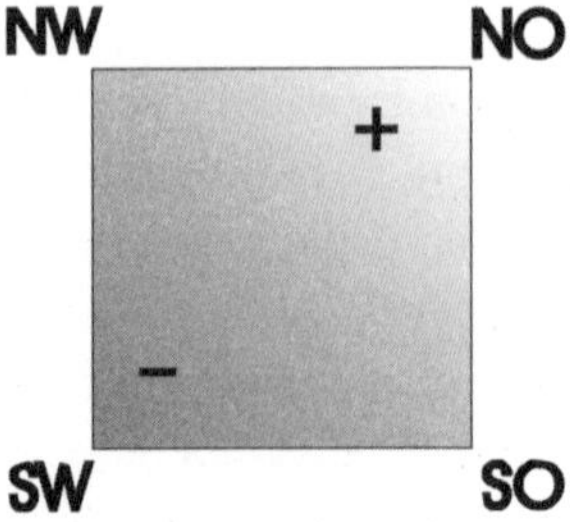

Polarität des Biofeldes

im Westen positiv sind. Das negative Potenzial des Westens würde sich erst dann manifestieren, wenn beispielsweise der Osten geschlossen oder durch einen Abstellraum blockiert wäre.

Der wichtigste Vorteil dieser Aufteilung besteht darin, dass sich mit ihrer Hilfe einige einfache Regeln formulieren lassen, von denen sich wiederum viele Regeln und Vorschriften des Vastu ableiten lassen:

1. Gewichte an einem bestimmten Ort verringern das Energiepotenzial dieses Sektors

Hieraus folgt, dass Gewichte am besten im Süden oder Westen platziert werden. Dort verringern sie das negative Energiepotenzial dieser Bereiche und tragen daher zum Gesamtenergiefeld positiv bei. Im Norden oder Osten verringern Gewichte hingegen das positive Energiepotenzial dieser Sektoren, da die einfließenden Energien in diesen Bereichen belastet werden. Alle schweren Gegenstände sollten daher möglichst im Süden, Westen oder am besten im Südwesten aufgestellt werden. Der Südwesten sollte maximal beschwert werden, da er ein maximales negatives Energiepotenzial besitzt. Im Gegensatz hierzu sollte der Nordosten niemals mit schweren oder großen Dingen belastet werden, um den positiven Energien möglichst viel Bewegungsfreiheit zu verleihen. Hierin besteht eine der Hauptpolaritäten des Vastu.

2. Je mehr Raum ein bestimmter Sektor besitzt, desto mehr wird sein Energiepotenzial gestärkt

Das bedeutet, dass eine Bodenvertiefung oder ein niedrig liegendes Bodenniveau das Energiepotenzial eines bestimmten Bereiches verstärkt. Liegt der Osten beispielsweise niedriger als der Westen, so wird das positive Potenzial des Ostens gestärkt, während das negative Potenzial des Westens geschwächt wird, sodass insgesamt gesehen ein doppelt positiver Effekt zu verzeichnen ist. Das Gleiche gilt, wenn der Norden gegenüber dem Süden erniedrigt ist.

Erdvertiefungen wie Gruben, Löcher oder Schächte sollten sich möglichst nicht im Westen und Süden und auf keinen Fall im Südwesten befinden. Im Südwesten verstärken sie das negative Potenzial dieses Bereiches auf bedenkliche Weise. Im Norden, Osten und Nordosten wirken sich solche Vertiefungen jedoch positiv aus. Besonders positiv wirkt sich eine solche Vertiefung im Nordosten aus, wenn sie mit Wasser gefüllt ist wie im Falle eines Teiches. Der Grund hierfür wird durch das folgende Prinzip deutlich:

3. Wasser verstärkt das Energiepotenzial eines bestimmten Sektors

Hieraus folgt, dass Wasserreservoirs wie Teiche, Regenwasserbehälter, Wassertanks oder Bäche am besten im Norden, Osten oder Nordosten liegen, da sie dort das positive Energiepotenzial verstärken. Im Süden, Westen oder Südwesten würden sie jedoch das negative Potenzial erhöhen, was ungünstig ist. Im Südosten sollte sich kein Wasser befinden, da dieser Bereich mit dem Element Feuer in Beziehung steht, während der Nordwesten als Ort für Wasser durchaus infrage kommt.

Ein Fluss sollte demnach am besten im Norden oder Osten eines Hauses fließen. Befindet er sich im Norden des Grundstücks, so sollte er aus dem Westen in Richtung Osten fließen, damit seine Fließrichtung dem erwünschten West-Ost-Gefälle entspricht. Für einen Fluss im Osten gilt, dass er aus dem Süden in Richtung Norden fließen sollte.

Wichtig ist die genaue Befolgung dieses Prinzips vor allem beim Graben eines Brunnens, da hierbei sehr tief in das Erdreich vorgedrungen wird. Im Nordosten ist er optimal platziert, während die Wirkung eines Brunnens im Südwesten die Energie des gesamten Grundstücks überschatten kann.

Von besonderer energetischer Bedeutung sind im Biofeld des Vastu die Bereiche, bei denen die Energie aus dem positiven in den negativen Sektor fließt. Dies geschieht vor allem im Nordwesten und Südosten des Feldes, was dazu führt, dass in diesen beiden Richtungen viel Bewegung herrscht. Im Südosten ist diese Bewegung im Inneren verborgen und führt zu Wärme, während sie im Nordwesten als äußere Bewegung in Erscheinung tritt. Die Südost-Nordwest-Diagonale wird daher im Vastu als die Achse der dynamischen Polarität bezeichnet, während die Nordost-Südwest-Diagonale die Achse der statischen Polarität bildet. Die Stabilität, Struktur und Ordnung des Vastu-Biofeldes hängt von der richtigen Nutzung der Nordost-Südwest-Diagonale ab, während die Dynamik von den Vastu-Eigenschaften auf der Nordwest-Südost-Diagonale geprägt wird.

Weitere wichtige energetische Prinzipien

Das fraktale Prinzip: wie im Großen, so im Kleinen

Die Grundidee des Vastu beruht auf der Annahme, dass jeder begrenzte Raum sein eigenes individuelles Energiefeld ausbildet. Für ein Haus bedeutet dies, dass das Grundstück, das Gebäude, jeder einzelne Raum und auch noch kleinere räumliche Einheiten, wie ein Schreibtisch oder ein getrennter Sitzbereich, jeweils für sich genommen nach Vastu beurteilt werden können. Sie alle besitzen individuelle Biofelder, die wiederum miteinander in Wechselwirkung treten.

Beispielsweise bedeutet dies, dass das Prinzip des freien, leichten und offenen Nordostens auf allen Ebenen realisiert werden sollte. Man sollte den Nordosten des Grundstücks nach diesen Kriterien gestalten, indem man dort hohe Bäume, Erderhöhungen, schwere Steine, Abfall und hohe Zäune vermeidet, doch auch das Haus sollte im Nordosten diesen Ansprüchen genügen. Es sollte dort Fenster besitzen und Räume, die für anspruchsvolle Tätigkeiten genutzt werden. Weiterhin sollte man den Nordosten jedes einzelnen Raumes leicht und frei gestalten.

Dieses Grundprinzip gilt für alle räumlichen Regeln des Vastu. So sollte auch der Südwesten aller einzelnen Räume schwer und geschlossen gestaltet werden, während der Südwesten des

Gartens schwere Steine, hohe Bäume und Zäune und auch schwere Nebengebäude vertragen kann.

Im Vastu wird jeder Raum als Abbild des gesamten Kosmos betrachtet, dem die gleiche Ordnung zugrunde liegt wie dem Universum. Gestaltet man den einzelnen Raum, sei er auch noch so klein, im Einklang mit den kosmischen Prinzipien, so schwingt er in Resonanz mit dem Kosmos und ist mit dessen positiven Energien verbunden.

Das Vastu-Mandala

Die kosmische Ordnung des Universums wird im Vastu in Form eines einfachen geometrischen Symbols dargestellt, das als Vastu-Mandala bezeichnet wird. Es besteht aus einem quadratischen Gitter mit 81 Feldern, in dem ein kosmisches Wesen liegt. Der Kopf dieses Wesens, das Vastu-Purusha (Herr des Raumes) genannt wird, weist in Richtung Nordosten, während seine Füße im Südwesten liegen. Damit entspricht seine Wirbelsäule der Südwest-Nordost-Diagonale. In der Anatomie des Vastu-Purushas spiegeln sich einige der uns bereits bekannten Regeln der Raumenergie wider.

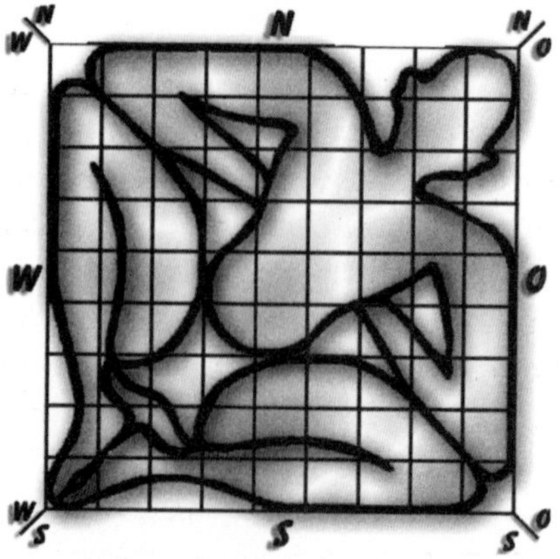

Das Vastu-Mandala

Sein Kopf, ein sehr empfindlicher Körperteil, liegt im Nordosten, was auf die sensible Natur dieser Richtung hinweist. Allein aus dieser Symbolik folgt, dass der Nordosten für Toiletten, Abstellräume und Müllräume nicht der richtige Ort ist, während intellektuelle Tätigkeiten, Kunst, Musik und Entspannung dort durchaus ihren Platz finden.

Schwere Gegenstände würde man rein intuitiv auch nicht auf dem Kopf im Nordosten platzieren, sondern eher im Bereich der Beine und Füße, die dem Südwesten, Westen und Süden des Mandalas entsprechen. Der Bereich der Füße und Beine besitzt naturgemäß schwerere Energien als der der Arme im Norden und Osten. Dementsprechend sind der Süden und Westen zum Abstellen von Schränken und Klavieren besser geeignet als der Norden und Osten.

Die dynamische Natur der beiden Bereiche im Nordwesten und Südosten kommt ebenfalls durch die Lage der Ellenbogen und Knie des Vastu-Purushas zum Ausdruck. Sie sind daher Orte der Bewegung und Energie. Auch über die Gestaltung der Mitte eines Raumes lässt sich aus der Anatomie des Vastu-Purushas einiges ableiten.

Die Mitte des Raumes

Das Zentrum eines Hauses, Raumes oder eines Grundstücks entspricht dem Nabel des Vastu-Purushas. Er ist nicht nur ein sensibler Punkt, sondern gleichzeitig ein energetisches Zentrum, von dem aus die Energien im gesamten Raum, Haus oder Grundstück verteilt werden Die Mitte eines Raumes sollte daher nicht mit Möbeln oder anderen Gegenständen verstellt werden, sodass die Energien frei in alle Richtungen und auch auf der vertikalen Linie ungestört von unten nach oben fließen können. Somit sollte auch keine Lampe in der Mitte eines Raumes aufgehängt werden. Sie würde ebenfalls den Fluss der Energien auf der Vertikalen stören. Am besten verlegt man Deckenlampen aus dem Zentrum heraus in Richtung Westen oder Südwesten.

Auf das ganze Haus bezogen ist es besonders wichtig, diesem eine offene und leichte energetische Mitte zu verleihen. Auf keinen Fall gehört eine Mauer oder eine Säule dort hin. Möglichst viel Licht und Leichtigkeit im Zentrum des Hauses sorgen dafür, dass die Energien im ganzen Gebäude leicht und beweglich bleiben.

Man kann das Zentrum eines Hauses bewusst als energetischen Kraftort gestalten, indem man dort einen nach oben hin offenen Lichtraum einrichtet. Dieses Prinzip verwirklichten schon die alten Römer in Form der klassischen Atrium-Häuser. Auch ist es vorteilhaft, im Zentrum des Hauses energetisch wirksame Dinge, wie eine Pyramide, ein Mandala oder einen kleinen Meditationsplatz einzurichten. Hierdurch werden die Energien des gesamten Gebäudes positiv beeinflusst.

Der Raum kommt vor den Dingen

Eine wichtige Aufgabe des Vastu besteht darin, die Wahrnehmung von den Dingen, die sich im Raum befinden, auf den Raum selbst zu richten. Wenn man einen Raum betritt, richtet man sein Bewusstsein im Allgemeinen zuerst auf die Dinge in ihm und leitet daraus seine Schlussfolgerungen ab. Im Vastu geht es darum, die Qualität des Raumes bewusst zu erfahren und zu gestalten. In Indien fällt diese Wahrnehmung leichter, da die meisten Räume kaum möbliert sind und sich das Leben vor allem auf dem Fußboden abspielt.

Eine Küche wird beispielsweise nicht erst durch den Herd und die Spüle zur Küche, sondern vor allem dadurch, dass sie die zur Energetisierung der Nahrung notwendige feurige Raumqualität besitzt, während ein Schlafzimmer eher die Raumqualität der Ruhe und Entspannung besitzt.

Energetische Stärken und Schwächen finden

In der praktischen Umsetzung der Vastu-Prinzipien geht es darum, diejenigen Bereiche der Wohnung, des Hauses oder des Gartens aufzuspüren, die energetische Probleme aufweisen oder unterversorgt sind. Hierzu gibt es eine ganze Reihe hilfreicher Systeme, mit denen man eine Analyse der energetischen Situation des Wohnraumes durchführen kann. Das einfachste System besteht in der Zuordnung der fünf Elemente zu den Energien des Wohnraumes. Allein durch den Zusammenhang zwischen den Elementen und konkreten Aspekten des Wohnraumes wie Farben, Formen, Materialien usw. lässt sich ein Raum im Einklang mit den Naturgesetzen gestalten.

Direkt an die energetischen Prinzipien des letzten Abschnitts knüpft die Zuordnung von Aspekten des Wohnraums zu den Prinzipien von Sonne und Mond an. Im Vastu entspricht diese Polarität der aus dem chinesischen Feng-Shui bekannten Unterscheidung von Yin- und Yang-Energien. Die Sonne steht für die männlichen Energien, während der Mond das weibliche Prinzip verkörpert.

Zusammengefasst ergibt sich hieraus eine klare Definition der Energien jeder der acht Himmelsrichtungen. Aus diesem System lässt sich auch eine Zuordnung der Himmelsrichtungen zu den verschiedenen Lebensbereichen ableiten.

Die feinste Analyse der Energien des Wohnraums lässt sich mit dem System der neun Planeten und seiner Anwendung auf die Wohnung durchführen. Kaum ein Aspekt der Wohnung oder des Lebens ist nicht einem oder mehreren der neun Planeten zugeordnet, wodurch auch ein klarer Bezug zwischen Eigenschaften der Wohnung und dem Schicksal der Bewohner möglich wird. Ein erfahrener Vastu-Kenner liest den Grundriss eines Hauses wie ein Horoskop, um etwas über die Lebenssituation der Bewohner in Erfahrung zu bringen.

Um eine weitere Feinabstimmung zwischen dem Wohnraum und dessen Bewohnern vorzunehmen, bestimmt man im Vastu aus den Geburtsdaten eines Menschen dessen bevorzugte Himmelsrichtungen.

Diese fünf Prinzipien zusammengenommen bilden ein machtvolles Werkzeug, um die Qualität des Wohnraumes zu analysieren und positiv neu zu gestalten.

Wohnen mit den fünf Elementen

Nach der Naturauffassung des Vastu bestehen alle Dinge dieser Welt aus den fünf Elementen Erde, Wasser, Feuer, Luft und Äther. In unterschiedlichen Mischungen bilden diese fünf Bestandteile unendlich viele Kombinationen, sodass die Vielfalt der Objekte dieser Welt entsteht. In ihrer reinen Form findet man die Elemente niemals. Selbst reines Wasser besitzt immer auch Beimengungen der anderen vier Elemente. Bei den meisten Dingen treten jedoch die Eigenschaften eines bestimmten Elements besonders in den Vordergrund.

Reines Wasser besitzt hauptsächlich die Eigenschaften der Elemente Wasser und Äther, während andere Flüssigkeiten wie Limonade oder Wein Beimengungen von Erde, Feuer und Luft enthalten. Beispielsweise besitzt Limonade einen großen Anteil von Luft in Form der zugesetzten Kohlensäure, während die chemischen Farbstoffe dem Element Feuer zuzuordnen sind. Auch das Element Erde ist durch den Geruch der Limonade präsent, da es ohne Erde keinen Geruch gibt. Rote Limonade besitzt wiederum einen stärkeren Feueranteil als blaue oder gelbe Limonade. Um die Elemente den Dingen sicher zuordnen zu können, muss man ihre Eigenschaften im Einzelnen verstehen.

Äther

Der Äther ist das feinste Element, aus dem alle anderen hervorgehen. Er entspricht dem Raum selbst und tritt überall dort in Erscheinung, wo viel freier Raum ist oder der Raum selbst zum Zentrum der Aufmerksamkeit wird. Die Gestaltung des Raumes ist das Hauptthema der Architektur, was den Äther zum wichtigsten Element dieser Kunst macht. Das dem Äther zugeordnete Sinnesobjekt ist der Klang. Klang breitet sich im Raum aus und erfüllt damit den gesamten Äther. Die innere Form des Äthers ist daher die Schwingung, wodurch harmonische Klänge zu einem wirkungsvollen Mittel werden, um den Raum zu reinigen und von negativen Energien zu befreien, während störende Geräusche wie Lärm, schrille oder zu laute Klänge die Energie des Raumes stören können. Der Raum ist nicht nur Träger von Klängen, sondern speichert auch deren Qualität. Daher kann man die Energie eines Raumes dauerhaft mithilfe von Klang beeinflussen. Auch Formen, die man mit den Gedanken schafft, existieren auf der ätherischen Ebene. Daher lässt sich auch mithilfe von Gedanken die Energie des Raumes beeinflussen. Vastu ist eine Wissenschaft, die von der feinstofflichen bis zur grobstofflichen Wirklichkeitsebene das gesamte Spektrum des Seins berücksichtigt. Auch die Gedanken, Emotionen und Wünsche der Bewohner eines Raumes müssen bei der Beurteilung seiner Qualität mit einbezogen werden. Auch bei der Korrektur von Defekten oder Störungen der Wohnraumenergie sollten daher positive Gedanken, Gefühle und Wünsche zur Anwendung kommen.

Weiterhin sind dem Äther glatte, spiegelnde und metallische Oberflächen zugeordnet, alle Bereiche, die viel Raum besitzen, die Klänge im Haus und die Gedankenwelt. Dem Element Äther entsprechen auch die Informationsfelder und feinstofflichen Energien, die im Raum gegenwärtig sind. Jeder Gegenstand, den man in den Raum hineinbringt, trägt sein eigenes Informationsfeld in ihn hinein. In diesem Feld sind neben der Geschichte des Gegenstandes vor allem auch die gedanklichen

Projektionen gespeichert, die Menschen mit ihm verbinden oder verbunden haben. All diese Aspekte sind den Element Äther zugeordnet und können die Raumenergie wesentlich beeinflussen.

Luft

Das nächstgröbere Element, das aus dem Äther hervorgeht, ist die Luft. Natürlicherweise sind dem Luftelement alle gasförmigen Stoffe zugeordnet, wobei wiederum zu bedenken ist, dass alle Gase auch Eigenschaften anderer Elemente mit sich tragen. Beispielsweise ist der typische Geruch von Gasen eine Folge der beigemengten Erdpartikel.

Das Luftelement zeigt sich außerdem als Ursache aller Arten von Bewegung. Nicht nur die Bewegung der Luft selbst, die im Haus von lebensnotwendiger Bedeutung ist, wird dem Luftelement zugeordnet, sondern auch die Bewegung anderer Gegenstände. Selbst bewegliche Dinge, die sich gegenwärtig nicht bewegen, besitzen Eigenschaften der Luft. Beispielsweise sind parkende Autos oder Fahrräder ebenso dem Luftelement zugeordnet wie ein Schaukelstuhl, selbst wenn er gerade nicht benutzt wird.

Eine weitere Eigenschaft der Luft ist die Berührung, da sich der Berührungssinn nach der Auffassung des Vastu aus der Luft heraus manifestiert.

Der Berührungssinn kommt im Wohnraum in der Beschaffenheit von Oberflächen zum Ausdruck und im weiteren Sinn in den Berührungsbereichen unterschiedlicher Räume. Überall, wo Grenzen überbrückt werden, findet Berührung statt.

Austausch und Beziehungen zwischen Menschen sind ebenfalls mit dem Berührungsprinzip und dem Element Luft verbunden.

Im Wohnraum kann das Luftelement durch den gezielten Einsatz beweglicher Elemente wie Windspiele, Schaukelstühle und Mobiles aktiviert werden.

Feuer

Das Element Feuer kommt in allen energetischen Prozessen zum Ausdruck, die mit Erwärmung oder Verbrennung zusammenhängen. Es ist die antreibende Energie im Inneren der Dinge, während das Luftelement die bereits manifestierte Bewegung darstellt. Auch die Beleuchtung und die farbliche Gestaltung der Wohnung ist dem Feuerelement zugeordnet, wobei unter den Farben vor allem Rottöne feurigen Charakter haben. Das Gleiche gilt für spitze Formen.

Im Wohnraum ist das Element Feuer vor allem in der Küche, im Herd, in der Heizung, im Kamin und in elektrischen Geräten präsent.

Eine einfache, aber effektive Methode, an einem bestimmten Ort das Feuerelement zu stärken, besteht darin, dort regelmäßig eine Kerze oder eine andere Art von Feuer zu entzünden.

Wasser

Wasser repräsentiert den flüssigen Aggregatzustand, steht jedoch auch für Gefühle. Seine innere Eigenschaft ist der Geschmack. Es ist im Haus in allen Wasserinstallationen und Wasserbehältern aber auch in geschwungenen Formen, blauen Farben und bildhaften Darstellungen von Wasserläufen oder Meeren präsent. Seine Gegenwart ist vor allem für den ungestörten Fluss von Gefühlen notwendig und zum Wahrnehmen von Geschmack. Jeglicher Genuss ist davon abhängig, dass die Dynamik des Wasserelements ungestört verläuft.

Wasser ist ein hervorragender Informationsträger, worin seine enge Beziehung zum Element Äther zum Ausdruck kommt. Diese Eigenschaft nutzt man in der Homöopathie, sie findet jedoch auch in der Natur vielfältige biologische Anwendungen. Für Vastu ist vor allem die energieverstärkende und belebende Funktion des Wassers wichtig, sodass es gezielt eingesetzt werden kann, um den energetischen Zustand eines Ortes zu verbessern.

Erde

Das gröbste der fünf Elemente ist die Erde. Ihm sind alle festen Stoffe zugeordnet. Schwere Möbelstücke haben daher in erster Linie erdhaften Charakter, während ihre sekundären Eigenschaften wie Farbe und Form auf den Einfluss anderer Elemente hinweisen. Der dem Element Erde zugeordnete Sinn ist der Geruch. Duftstoffe wie Räucherstäbchen oder Duftlampen stehen daher neben anderen Elementen auch mit dem Element Erde in Beziehung. Die Erde ist die Mutter aller anderen Elemente, da in ihr die Eigenschaften aller Elemente enthalten sind. Die Erde trägt Geruch, Geschmack, Form, Berührung und auch Klang als Sinneseigenschaften in sich, während der Äther nur den Klang, die Luft Klang und Berührung usw. tragen. Im Haus sind alle schweren Gegenstände, die Wände und andere tragenden Elemente der Erde zugeordnet.

Die fünf Elemente und die Himmelsrichtungen

Um ein gesundes energetisches Raumklima zu erzielen, sollten die fünf Elemente im Raum in einer ausgewogenen Mischung und Anordnung präsent sein. Hierzu ist es sinnvoll, ihre natürliche räumliche Verteilung zu kennen. Daraus lassen sich viele Schlussfolgerungen über die Einrichtung eines Hauses oder eines Zimmers ableiten.

Erde im Südwesten

Die Erde, das schwerste aller Elemente, wird generell dem Südwesten zugeordnet, der sich unter allen Himmelsrichtungen durch die Schwere seiner Energien auszeichnet. Damit sind auch Eigenschaften wie Stabilität, Gewicht und Struktur dem Südwesten zugeordnet. Es ist daher generell auch sinnvoll, die Qualität des Südwestens durch erdhafte Gegenstände zu unterstützen. Schwere und große Möbelstücke kommen dort am besten zur Geltung, ohne den natürlichen Energiefluss im Raum zu stören.

Luft im Nordwesten

Auch im Süden und Westen ist das Element Erde präsent, doch jeweils gemischt mit den Elementen der jeweils benachbarten Nebenhimmelsrichtungen. Der dem Westen benachbarte Nordwesten ist durch die Gegenwart des Luftelementes geprägt. Daher sind seine Energien sehr dynamisch und beweglich. Austausch, Kommunikation, Beziehungen und emotionale Regungen stehen mit dem Luftelement in Zusammenhang und sind daher ebenfalls mit dem Nordwesten verbunden.

Die dynamische Energie des Nordwestens wird unterstützt, wenn dort bewegliche Dinge platziert werden oder Dinge, die die Kommunikation oder Beziehungen fördern.

Im Westen verbinden sich daher die Eigenschaften der beiden Elemente Erde und Luft, sodass sich die Schwere des Südwestens mit der Leichtigkeit des Nordwestens verbindet. Dementsprechend besitzt der Westen ein breites Spektrum unterschiedlicher Nutzungsmöglichkeiten, die vom Abstellraum bist zum Studierzimmer reichen.

Feuer im Südosten

Der Südosten ist die Himmelsrichtung, die während eines Tages am meisten Sonne bekommt. Daher ist dort das Element Feuer stark präsent und prägt seine energetische Qualität. Dem Nordwesten auf der Diagonalen gegenüberliegend verkörpert der Südosten den inneren dynamischen Aspekte der Bewegung, der vor allem in Wärme und Verbrennung zum Ausdruck kommt. Räume im Südosten eines Hauses eignen sich daher sehr gut zum Kochen und Energetisieren der Nahrung, weswegen sich dort möglichst eine Küche befinden sollte. Alternativ können dort elektrische Installationen angebracht werden oder ein Kamin, um das Feuerelement zur Geltung zu bringen. Zum Schlafen ist der Südosten des Hauses nicht so gut geeignet, da seine Energien für diesen Zweck zu feurig sind und nicht die zur Erholung und Regeneration notwendige Ruhe besitzen.

Es empfiehlt sich, in jedem Raum und insbesondere im Südosten des Hauses das Feuerelement zu stärken, indem dort entweder direkt mit Feuer oder mit farblichen, symbolischen oder bildhaften Repräsentationen gearbeitet wird. Falls man in einem Raum im Südosten kein direktes Feuer oder ein elektronisches Gerät platzieren kann, so sollte dort zumindest ein Feuersymbol oder ein Bild aufgehängt werden, das Feuer abbildet.

Im Süden verbinden sich die Eigenschaften der Elemente der benachbarten Himmelsrichtungen, sodass der Raum zwar die Schwere des Erdelementes besitzt, jedoch auch die Energie des Feuers. Er verleiht daher sowohl Stärke und Standhaftigkeit als auch Energie und Durchsetzungsvermögen und ist auch für schwere physische oder mechanische Arbeiten geeignet. Für geistige oder intellektuelle Tätigkeiten sind seine Energien nicht förderlich, da sie für diesen Zweck nicht die notwendige Leichtigkeit und Kreativität besitzen.

Wasser und Äther im Nordosten

Dem Nordosten sind zwei Elemente zugeordnet. Seine Energien sind leicht und feinstofflich, was dem Element Äther entspricht. Hieraus lässt sich ableiten, dass im Nordosten möglichst viel offener und freier Raum sein sollte, um dem ätherischen Element genügend Geltung zu verschaffen. Je mehr Platz man auf dem Grundstück oder im Gebäude im Nordosten besitzt, desto mehr Raum steht für geistige Entfaltung und spirituelles Wachstum zur Verfügung.

Ein offener und freier Nordosten fördert die feinere Wahrnehmung und Achtsamkeit. Schwere oder große Gegenstände in dieser Richtung führen zu einer Störung des Elements Äther und damit auch der anderen Elemente, die sich aus dem Äther heraus manifestieren. Die innere Ordnung und Koordination des Vastu-Biofeldes wird hierdurch beeinträchtigt.

Das zweite Element, das eng mit dem Element Äther in Verbindung steht, ist das Wasser. Ebenso wie der Äther ist es ein guter Informationsspeicher und besitzt eine enge Verbindung zur feinstofflichen Wirklichkeit. Der Nordosten ist der beste Ort für reines Wasser unter den acht Himmelsrichtungen, da es dort die positiven Energien optimal verstärkt. Es ist daher sinnvoll, in den Nordosten des Hauses, des Grundstücks und auch der einzelnen Räume Wasser zu bringen. Dies kann in den Räumen geschehen, indem man einfach ein Gefäß mit frischem Wasser aufstellt und dieses ständig erneuert. Im Garten bietet es sich an, dort einen Teich anzulegen.

NW Luft	**N** Luft/Wasser	**NO** Wasser/Äther
W Erde/Wasser	Äther	**O** Feuer/Äther
SW Erde	**S** Feuer/Erde	**SO** Feuer

Die Elemente in den acht Himmelsrichtungen

Das Zusammenspiel der fünf Elemente in Wohnraum und Garten

In einem harmonisch gestalteten Raum sind alle fünf Elemente in einem ausgewogenen Verhältnis präsent. Je nach der jeweiligen Raumfunktion mag das eine oder andere Element im Vordergrund stehen, doch sollte immer auf die Vollständigkeit des Vastu-Energiefeldes geachtet werden.

Die fünf Elemente in der Küche

Es ist natürlich, dass in der Küche vor allem die Elemente Wasser und Feuer vorherrschend sind. Zum Kochen ist es besonders wichtig, dass Wasser und Feuer in einer harmonischen Beziehung zueinander stehen. Dies erreicht man beispielsweise, indem man den Ort des Feuers, an dem gekocht wird, im Südosten der Küche einrichtet und die Spüle im Nordosten. Wasser und Feuer besitzen dadurch genügend Abstand voneinander und befinden sich gleichzeitig in ihnen zugeordneten Himmelsrichtungen.

Schwere Küchenschränke sollten im Südwesten der Küche aufgestellt werden, um das Erdelement zu stärken, während der Nordwesten sich zum Aufstellen des Kühlschrankes eignet. Kühlung ist eine Eigenschaft, die sich ebenfalls dem Luftelement zuordnen lässt. In der Küche ist es von besonderer Bedeutung, die Mitte freizulassen, um einen ungestörten Energiefluss zu ermöglichen.

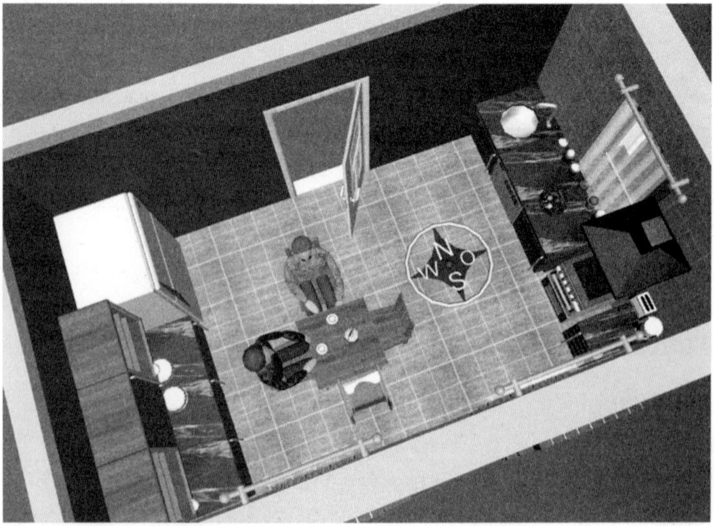

Schematische Darstellung einer Küche mit guten Vastu-Eigenschaften

Die fünf Elemente in der Speisekammer

Die Speisekammer ist ein Ort, an dem die fünf Elemente sehr sorgfältig miteinander koordiniert werden sollten, da es dort um die Frische und Qualität der Nahrungsmittel geht.

Wiederum sollte man erdhafte Nahrungsmittel wie Kartoffeln oder Getreide im Südwesten lagern, insbesondere wenn es sich um größere Mengen handelt, die für eine längere Zeit eingelagert werden. Nahrungsmittel, die täglich verwendet werden, sind dem beweglichen Luftelement zugeordnet und sollten daher im Nordwesten gelagert werden. Dinge, die dort platziert werden, bleiben in Bewegung und behalten ihre Frische.

Gerade in der Speisekammer ist es wichtig, das Wasserelement zu vergegenwärtigen, um die Frische der Nahrung zu gewährleisten. Zu diesem Zweck lagert man Trinkwasser am besten im Nordosten des Raumes oder platziert dort ein Gefäß, das man ständig mit frischem Wasser füllt. Hierdurch werden die Energien des ganzen Raumes belebt.

Im Südosten sollte die Präsenz des Feuerelements gestärkt werden, indem man dort möglichst alle brennbaren Materialien, Öle und scharfe Gewürze lagert. Besonders gut eignen sich auch rote Chilis, um das Feuer im Südosten zu stärken. Hierdurch wird das Energiefeld des Raumes gestärkt. Auf offenes Feuer oder elektrische Geräte sollte man hierbei verzichten.

Zu guter Letzt gilt auch in der Speisekammer das Prinzip der offenen und freien Mitte. Man sollte die Speisekammer nicht so sehr füllen, dass in der Mitte oder im Nordosten kein Raum zur Zirkulation der Energien bleibt. Ansonsten verringert sich die Qualität der Nahrung während der Lagerung sehr schnell.

Die fünf Elemente im Wohnzimmer

Eine harmonische Verteilung der Elemente im Wohnzimmer beeinflusst das Wohnklima und die Kommunikation der Bewohner. Auch hier gehören schwere erdhafte Gegenstände in den

Südwesten, der möglichst geschlossen sein sollte. Eine Schrankwand platziert man am besten an südlichen oder westlichen Wänden, sodass sie bis in die südwestliche Ecke hineinreicht. Liegt das Wohnzimmer diagonal zu den Himmelsrichtungen, so ist die südwestliche Wand am besten für die Schrankwand geeignet.

Häufig ist der Süden oder Westen des Wohnzimmers zum Garten hin geöffnet, sodass dort kein Schrank hingestellt werden kann. In diesem Fall sollte man das Erdelement durch Pflanzen oder Steine im Südwesten des Wohnzimmers stärken.

Der Südosten des Raumes eignet sich gut für das Aufstellen des Fernsehers oder für einen Kamin. Beide Möglichkeiten unterstreichen die Gegenwart des Feuerelements im Südosten. Auch die Stereoanlage oder ein Kerzenarrangement würden diesen Zweck erfüllen.

Der Nordosten des Wohnzimmers wird am besten als freier Raum gestaltet oder mit leichten Sitzgelegenheiten ausgestattet, um dort zu lesen oder sich zu erholen. Das dort gegenwärtige

Schematische Darstellung eines Vastu-gerechten Wohnzimmers

Ätherelement bedarf des Raumes. Weiterhin verbessert sich das Raumklima, wenn dort ein Wasserbehälter, ein Aquarium oder sogar ein kleiner Springbrunnen mit fließendem Wasser installiert wird.

Das Luftelement im Nordwesten sollte nicht mit schweren Möbeln blockiert werden. Der Nordwesten sollte Platz zur Bewegung besitzen und kann mit einem Windspiel, einem Schaukelstuhl oder anderen beweglichen Gegenständen ausgestattet werden. Auch die Mitte des Wohnzimmers sollte möglichst frei sein.

Natur- und Landschaftsbilder im Norden oder Osten können ebenfalls zur Aktivierung der Raumenergie beitragen.

Die fünf Elemente im Garten

Auch außerhalb des Hauses gibt die Zuordnung der fünf Elemente zu den Himmelsrichtungen wertvolle Hinweise zur Gestaltung des Grundstücks und des Gartens.

Der Südwesten sollte entsprechend seiner erdhaften Natur mit möglichst schweren Dingen belastet werden. Hierzu eignen sich neben hohen Bäumen und Büschen vor allem Steine und auch Erderhöhungen. Angelegte Stein- oder Terrassengärten können dort ihren höchsten Punkt haben. Auch Geräteschuppen, Gartenpavillons oder andere Nebengebäude beschweren den Südwesten und wirken sich vorteilhaft aus.

Der gegenüberliegende Nordosten sollte seiner ätherischen Natur entsprechend leicht und frei gestaltet werden. Seine positiven Energien fördern die Wirkung von Kräutern, die dort günstigerweise angepflanzt werden können.

Die Verbundenheit des Nordostens mit dem Wasserelement legt es nahe, dort einen Teich, eine Regenwasseranlage oder einen Springbrunnen anzulegen. Auch ein Biotop im Nordosten fördert die positiven Energien des ganzen Grundstücks. Man kann dort jedoch auch einfach freie Rasenflächen oder ein Blumenbeet anlegen.

In den Nordwesten des Grundstücks gehören die beweglichen Dinge, wie Fahrräder, Fahrzeuge oder ein Kinderspielplatz. Eine Schaukel oder eine Wippe bringen viel Bewegung in den Nordwesten, aber auch eine Wiese zum Spielen und Sporttreiben wirkt sich dort positiv aus. Auf jeden Fall sollte man es vermeiden, den Nordwesten durch Gebäudeteile oder Nebengebäude vollständig zu blockieren, da sonst das Luftelement geschwächt wird. Dieses würde sich negativ auf die Beweglichkeit und Dynamik des gesamten Energiefeldes auswirken.

Auch Kräuter oder duftende Blumen fördern die Energie des Nordwestens, da sich der Duft dieser Pflanzen in Verbindung mit dem Luftelement sehr gut entfalten kann.

Im Südosten ist es auch auf dem Grundstück oder im Garten notwendig, die Präsenz des Feuerelements sichtbar zu machen. Dies geschieht entweder durch regelmäßige Feuer, die dort abgebrannt werden oder durch rote Blumen. Auch Obstbäume können die Energie des Südostens unterstützen.

Die Haupthimmelsrichtungen sind im Vastu den Elementen nicht so eindeutig zugeordnet wie die Nebenhimmelsrichtungen. Die für den Südwesten geltenden Prinzipien gelten in eingeschränkter Weise auch für den Westen und Süden, wobei der Süden stärker durch das Feuerelement und der Westen stärker durch die Elemente Luft und Wasser geprägt wird. Der Süden eignet sich gut für Sport und andere körperliche Tätigkeiten und sollte ebenso wie der Südwesten nicht allzu offen gestaltet werden. Hier geraten die Prinzipien des Vastu mit den europäischen Lebensgewohnheiten in Konflikt. Während Vastu die aus dem Süden einfließenden Energien als negativ bewertet, streben die Menschen in unseren Breitengraden nach möglichst viel Südsonne. Hierbei ist es in jedem Einzelfall notwendig, einen guten Kompromiss zwischen dem berechtigten mitteleuropäischen Sonnenbedürfnis und den energetischen qualitativen Überlegungen des Vastu zu finden. Ein häufig gewählter Kompromiss besteht darin, den Süden ausreichend zu öffnen, den Südwesten jedoch konsequent zu schließen.

Korrekturen mit den fünf Elementen

In den wenigsten Fällen findet man einen nach den Prinzipien des Vastu ideal gestalteten Wohnraum vor. Meistens spiegelt der Wohnraum die Lebenssituation seiner Bewohner wider. Daher sollte man es als ein positives Zeichen ansehen, wenn man in seiner Wohnung Vastu-Defekte vorfindet. Sie beinhalten nämlich gleichzeitig die Chance zur Verbesserung der Wohn- und Lebenssituation. Fände man einen nach Vastu ideal gestalteten Wohnraum vor, so gäbe es keinen Raum zur Verbesserung der Lebenssituation für die Bewohner des Gebäudes. Die fünf Elemente stellen ein wirksames Mittel zum Ausgleich von Schwächen dar. Hierbei geht es vor allem darum, die vier Hauptelemente Erde, Wasser, Feuer und Luft in ein balanciertes Verhältnis zu setzen. Man sollte in jedem Raum darauf achten, dass sie in den ihnen jeweils zugeordneten Nebenhimmelsrichtungen präsent sind. Besonders sind hierbei die folgenden Maßnahmen hervorzuheben:

Feuer im Südosten: Falls der Südosten eines Raumes blockiert ist oder einen Fehlbereich darstellt, sollte man das Feuerelement im Südosten durch eine Kerze, feurige Farben wie Rot oder Orange oder das Aufstellen elektrischer Geräte stärken.

Wasser im Nordosten: Falls der Nordosten blockiert ist, da er zum Beispiel keine Fenster besitzt oder durch ein Gebäude vor dem Haus im Nordosten verstellt ist, sollte das Wasserelement im Haus und in den Räumen im Nordosten gestärkt werden. Dies geschieht am wirkungsvollsten durch einen kleinen Springbrunnen mit bewegtem Wasser oder ein einfaches Gefäß mit frischem Leitungswasser. Auch Landschaftsbilder mit Wasser haben einen positiven Effekt auf die Energien des Nordostens.

Äther im Nordosten: Neben dem Element Wasser ist auch das Ätherelement im Nordosten präsent. Seine Gegenwart wird gestärkt, indem der Nordosten frei und offen gestaltet wird. Je weniger Gewicht und je weniger Gegenstände sich dort befinden, desto stärker kommt der Äther im Nordosten zur Geltung. Eine Stärkung des Äthers kann auch durch das Spielen harmonischer Musik bzw. durch Klänge im Nordosten des Hauses bzw. der Räume erreicht werden. Während schrille und disharmonische Klänge den Äther zerreißen, können heilende harmonische Klänge Störungen des Ätherelements ausgleichen. Besonders gut eignet sich hierzu spirituelle Klangschwingung. Im Vastu werden vor allem Mantras verwendet, die eine ganz spezifische Wirkung auf den Wohnraum entfalten. Werden diese Mantras zusätzlich mit harmonischen Melodien gesungen, die auf die jeweilige Tageszeit abgestimmt sind (Ragas), so wird die Wirkung noch verstärkt.

Das bekannteste und wohl kürzeste Mantra ist der Laut *Om*, der als die klangliche Wurzel aller Mantras und als Schöpfungsklang gilt. Aus diesem Ur-Mantra entwickeln sich komplexere Mantren, wie zum Beispiel: *Om namo bhagavate vasudevaya*.

Dieser Klang sollte dreimal, zehnmal oder einhundertachtmal gesungen oder gesprochen werden, je nachdem, wie viel Zeit zur Verfügung steht.

Luft im Nordwesten: Die einfachste Methode, das Luftelement zu stärken, besteht darin, für ausreichend Lüftung und Bewegung zu sorgen. Besonders im Nordwesten des Hauses bzw. der Räume ist diese Maßnahme wichtig.

Eine zusätzliche Hilfe besteht in Windspielen, Schaukelstühlen und anderen beweglichen Dingen, die man im Nordwesten platzieren kann.

Erde im Südwesten: In vielen Häusern oder Wohnungen besteht das Problem, dass der Südwesten nicht geschlossen ist, wie im Vastu gefordert, sondern große Fenster oder sogar eine Terrassentür aufweist. Insbesondere in diesen Fällen sollte man das Element Erde im Südwesten stärken, indem man dort

Pflanzen, Steine, Holzgegenstände oder andere erdhafte Dinge platziert.

Weibliche und männliche Energien im Haus

Die Energien des Vastu-Biofeldes lassen sich ganz grob in männliche und weibliche Energien unterteilen. Die weiblichen Energien, die aus dem Norden einströmen, werden vom Mond beherrscht, während die männlichen Energien, die aus dem Osten kommen, von der Sonne beherrscht werden. Beide Ströme verbinden sich zu der einen Lebensenergie. Die Nord-Süd-Linie ist damit eine Achse weiblicher Energien, während die Ost-West-Richtung eine Achse männlicher Energien ist.

Um zu beurteilen, welche Energie in einem bestimmten Gebäude vorherrschend ist, muss man das Verhältnis dieser beiden Hauptachsen zueinander betrachten. Ist die Ost-West-Linie die dominierende Achse des Hauses, so wird das Gebäude mit großer Wahrscheinlichkeit von stärkeren männlichen Energien geprägt. Dominiert jedoch die Nord-Süd-Achse die Geometrie des Hauses, so sind die weiblichen Energien stärker vertreten.

Die folgenden Merkmale weisen darauf hin, dass die männlichen Energien dominieren:

~ Der Osten besitzt deutlich mehr Fensterflächen als der Norden: In diesem Fall fließt mehr solare Lebensenergie in das Gebäude als organische Lebensenergie. Der Norden sollte in diesem Fall gestärkt werden, indem dort mit fließendem Wasser, Pflanzen und Spiegeln gearbeitet wird. Auch sollte man es hierbei vermeiden, im Norden der Räume schwere Gegenstände zu platzieren.

~ Der Osten des Grundstücks liegt niedriger als der Westen, während der Norden höher liegt als der Süden: Bei einem solchen Gefälle wird der Fluss der solaren Energie aus dem Osten gefördert, während die organische Lebensenergie aus dem Norden gehemmt wird.

- ~ Das Gebäude besitzt eine lange offene Seite in Richtung Osten, während seine kurze Seite in Richtung Norden weist und nicht so viel Energie bekommt.
- ~ Der Haupteingang befindet sich im Osten des Gebäudes.
- ~ Im Norden des Grundstücks befinden sich hohe Bäume, ein Nebengebäude oder hohe Nachbargebäude.

In all diesen Fällen sollte der Norden mithilfe von frischem Wasser, Pflanzen, belebenden grünen Farben oder Spiegeln gestärkt werden.

In den folgenden Fällen dominieren im Haus die weiblichen Energien:

- ~ Der Norden des Hauses besitzt insgesamt mehr Fensterfläche als der Osten.
- ~ Der Haupteingang befindet sich im Norden des Hauses.
- ~ Im Osten blockieren hohe Bäume oder Gebäude den Zustrom der solaren Lebensenergie.
- ~ Das Gefälle des Grundstücks verläuft aus dem Süden in Richtung Norden, während der Osten höher liegt als der Westen.

Trifft eines dieser Merkmale zu, so sollte der Osten des Gebäudes gestärkt werden, indem dort Spiegel oder belebendes Wasser platziert oder mit sonnigen Farben wie Gelb, Rot oder Orange gearbeitet wird.

Sonnen- und Mondfenster

Fenster und Türen sind Tore, durch die die Energie in das Haus hineintritt. Der Haupteingang sollte im Vastu einladend und großzügig gestaltet sein und am besten Fenster auf beiden Seiten besitzen. Stellt man sich die Eingangstür als Mund des Hauses vor, so bilden die Fenster seine Augen. Zusammen genommen sind sie das Gesicht des Hauses.

Fenster, die sich von innen aus betrachtet rechts vom Haupteingang befinden, stehen unter der Herrschaft der Sonne, während die Fenster links vom Haupteingang unter der Herrschaft des Mondes stehen. Die Sonnenfenster stehen mit den männlichen Bewohnern des Hauses in Beziehung und ihr Zustand bildet einen Maßstab für die Qualität der männlichen Energien im Haus. Das Gleiche gilt für die Mondfenster. Sie stehen mit den weiblichen Bewohnern des Hauses in Beziehung und ihr Zustand gibt über die Qualität der weiblichen Energien Auskunft.

Das erste Sonnenfenster steht mit der Energie des Vaters oder Hausherren in Verbindung, während sich die Energie des zweiten Sonnenfensters auf den ersten Sohn bezieht. Das dritte Fenster steht, falls vorhanden, mit dem zweiten Sohn in Verbindung usw.

Für die Mondfenster gilt analog: Das erste Fenster auf der linken Seite steht für die Mutter oder die Herrin des Hauses, das zweite für die erste Tochter, das dritte für die zweite Tochter usw.

Diese Zuordnung kann man symbolisch verstehen, sie bezieht sich jedoch auch direkt auf die erwähnten Personen. Beispielsweise beeinflusst das erste Sonnenfenster, wenn es sich in einem schlechten Zustand befindet oder von einem hohen Baum verdeckt ist, den Vater bzw. Hausherrn negativ.

Der Zustand eines Mond- oder Sonnenfensters kann sich auf verschiedene Eigenschaften beziehen:

~ Die erste Frage ist, ob es überhaupt Sonnen- bzw. Mondfenster gibt und wenn ja, wie viele. Die Anzahl der jeweiligen Fenster ist für die Verteilung der männlichen und weiblichen Energie von großer Bedeutung. Überwiegt die Anzahl der Sonnenfenster, so sind die männlichen Energien stärker, was einen energetischen Mangel für die Frauen im Haus bewirken könnte. Umgekehrt werden die weiblichen Energien im Haus gefördert, falls die Anzahl der Mondfenster überwiegt. In diesem Fall mögen die Männer im Haus mit energetischen Problemen konfrontiert werden.

- Die zweite Frage bezieht sich auf den allgemeinen baulichen Zustand der Fenster. Ein Sprung im Fenster stellt bereits einen Hinweis auf eine energetische Beeinträchtigung dar. Das Gleiche gilt für vernachlässigte Fensterrahmen, abblätternde Farbe oder schlecht schließende Fenster. Sind solche Beeinträchtigungen der Funktion oder Ästhetik der Fenster gegeben, so wird die mit dem betroffenen Fenster verbundene Energie oder Person geschwächt. Man sollte daher darauf achten, dass sich alle Fenster in einem guten funktionalen und ästhetischen Zustand befinden.
- Ein weiteres Kriterium für den Zustand eines Fensters besteht in der Bewertung des Raumes, der sich hinter dem Fenster befindet. Ist dieser Raum von hoher Qualität und wird er für anspruchsvolle Tätigkeiten genutzt, so wirkt sich dies positiv auf die durch das jeweilige Fenster repräsentierte Energie aus. Befindet sich dahinter jedoch ein vernachlässigter Raum, in dem zum Beispiel nutzlose Dinge oder Abfälle gelagert werden, so sind auch die Energien des jeweiligen Fensters negativ betroffen.
- Doch auch die spezifische Nutzung des jeweiligen Raumes beeinflusst die durch das jeweilige Fenster repräsentierte Energie. Beispielsweise wirkt sich ein Büro oder ein Bereich, in dem Gäste empfangen werden, hinter einem Sonnenfenster positiv auf die wirtschaftliche Entwicklung der Bewohner des Gebäudes aus, während solche Räumlichkeiten hinter einem Mondfenster ungünstig wären. Der Grund für diese Wechselwirkungen liegt in der gegenseitigen Beeinflussung der Planeten. Ein Geschäftsraum wird beispielsweise von dem Planeten Merkur beherrscht, der sich gut mit der Sonne verträgt. Daher bringt ein Büro hinter einem Sonnenfenster positive Ergebnisse vor allem im finanziellen Bereich, der bei der Kombination von Sonne und Merkur gefördert wird.

Die folgende Tabelle weist auf die Folgen möglicher Raum-Fenster-Kombinationen hin:

Raum	Mondfenster	Sonnenfenster
Küche	Stress für die weiblichen Bewohner	Stress für die männlichen Bewohner
Bad	Segnungen für die Bewohner	Gut für alle Bewohner
Mast, Laterne, Pfahl	Streit zwischen Mann und Frau	Neutral
Brunnen	Neutral	Viele Reisen
Esszimmer, Speisekammer	Beeinflusst männliche Bewohner negativ	Neutral
Rezeption, Büro, Gästezimmer	Neutral	Finanzielle Vorteile
Schlafzimmer	Neutral	Geburtsprobleme
Abstellkammer	Beeinflusst die Tochter negativ	Sohn wird negativ beeinflusst
Riss in der Wand	Wahrhaftigkeit der Frauen geht verloren	Beeinflusst männliche Bewohner negativ
Fenster geschlossen oder dunkel	Negativ für die ganze Familie	Negativ für die ganze Familie
Keine Fenster	Mentale Probleme	Gesundheitliche Probleme
Wohnzimmer	Neutral	Negative Auswirkungen für alle Bewohner
Safe, Altarraum	Neutral/positiv	Positive Ergebnisse

Die acht Himmelsrichtungen

Eines der machtvollsten Ordnungssysteme zum Verständnis der Raumqualitäten ist das Rad der acht Himmelsrichtungen. Jede einzelne Richtung besitzt ganz spezifische Eigenschaften, die sich auf die Qualität des Raumes, aber auch auf verschiedene Lebensbereiche seiner Bewohner beziehen. Diesen Eigenschaften entsprechend lässt sich feststellen, welche Nutzung eines bestimmten Raumes angemessen ist und wie eine vorgegebene

Wohnsituation ihre Bewohner beeinflussen wird. Das folgende Diagramm gibt einen Überblick über die allgemeinen Qualitäten der acht Himmelsrichtungen:

Bewegung Austausch Beziehungen Gefühle	Geburt Gewinn Gesundheit Beziehung zur Mutter	Spiritualität Geistige Entwicklung Kinder
Ruhe Abschluss Abbau Ehe	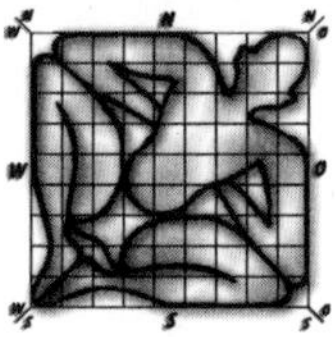	Neubeginn Kraft Karriere
Gewicht Einfluss Ausdehnung Tradition	Tod Verlust Vergänglichkeit Schwierigkeiten Arbeit	Energetisierung Beschleunigung Genuss Lebensfreude

Dieses Diagramm stellt die Beziehung zwischen den acht Himmelsrichtungen des Raumes und den Lebensbereichen seiner Bewohner dar.

Günstige und ungünstige Eigenschaften der acht Himmelsrichtungen

Der Norden

Die Qualitäten des Raumes im Norden eines Gebäudes oder im Norden eines einzelnen Zimmers beeinflussen zum Beispiel die Gesundheit der Bewohner, da aus dem Norden die wichtigen organischen Lebensenergien einströmen, die zur Erhaltung der Gesundheit notwendig sind. Befindet sich dort beispielsweise ein Abstellraum oder ein vernachlässigtes Zimmer, so sind Beeinträchtigungen dieser Energien zu erwarten. Umgekehrt wirkt sich ein anspruchsvoll genutzter Raum im Norden, der mit ausreichend Fensterfläche versehen ist, günstig auf die Gesundheit aus. Auch der finanzielle Lebensbereich wird durch die Eigenschaften im Norden des Gebäudes und der Räume beeinflusst. Im Vastu stellt der Norden die Geldecke dar. Wertvolle Gegenstände und Geld sollten daher im Norden eines Gebäudes oder Raumes aufbewahrt werden, um diese Energie zu unterstützen. Auch für die Abwicklung und Verwaltung finanzieller Angelegenheiten eignet sich der Norden hervorragend.

Als die erste unter den weiblichen Himmelsrichtungen stellt der Norden auch die Beziehung zur Mutter dar. Seine Energie ist mütterlich-weiblich und der Zustand dieses Wohnbereiches lässt Rückschlüsse auf die Beziehung seiner Bewohner zu ihren Müttern zu.

Auch die Gewinne, die man im Leben erzielt, hängen von den Vastu-Eigenschaften des Nordens ab. Die folgende Tabelle führt die potenziellen günstigen und ungünstigen Eigenschaften des Nordens auf:

Ungünstige Eigenschaften des Nordens:

Eigenschaft	Wirkung
Unsauber	Organische Lebensenergie wird verunreinigt; ungünstig für die Gesundheit und die finanzielle Entwicklung
Durch Gebäude oder Bäume blockiert	Mangelnde Vitalität, geschwächtes Immunsystem, mangelnder Elan für finanzielle Unternehmungen
Küche im Norden	Nahrung bekommt beim Kochen zu wenig Energie; die organische Lebensenergie wird übermäßig aufgeheizt
Abstellraum im Norden	Beeinträchtigt Gesundheit und finanzielle Entwicklung

Eigenschaft	Wirkung
Toilette oder Müll im zentralen Norden	Organische Lebensenergie wird verunreinigt, dadurch verliert sie ihre heilende und aufbauende Kraft
Im Norden liegt der höchste Teil des Gebäudes oder der höchste Teil des Grundstücks	Verluste mögen die Gewinne übersteigen, negative Energiebilanz in verschiedenen Lebensbereichen
Fensterflächen im Süden viel größer als im Norden	Negative Energiebilanz im feinstofflichen Bereich, während Wärmeenergiebilanz positiv ist
Kein Platz auf dem Grundstück im Norden (weniger Platz als im Süden)	Organische Lebensenergie hat keinen Raum zur Entfaltung; mangelnde Vitalität; negative energetische Gesamtbilanz
Fensterlos	Schwächt die Gesundheit, totale Blockade der organischen Lebensenergie, Verbindung zur Erde, zum Leben und zur Mutter gestört

Günstige Eigenschaften im Norden:

Eigenschaft	Wirkung
Sauber	Stärkt organische Lebensenergie
Offen, große Fenster	Organische Lebensenergie kann in die Gebäude eindringen; fördert die Gesundheit
Gebäude und Grundstück im Norden niedriger als im Süden	Gewinne übersteigen Verluste in verschiedenen Lebensbereichen
Viel Raum im Norden des Grundstücks (mehr als im Süden)	Positives energetisches Umfeld für die Gebäude
Safe im Norden des Hauses	Fördert die finanzielle Entwicklung
Haupteingang im Norden	Erfolg, finanzielle Entwicklung und Gesundheit werden gefördert

Eigenschaft	Wirkung
Pflanzen im Norden des Hauses oder der Räume	Stärkt den organischen Aspekt der Lebensenergie
Wasser im Norden des Hauses, der Räume oder auf dem Grundstück	Die Lebensenergie wird verstärkt
Im Norden werden anspruchsvolle Tätigkeiten ausgeführt, wie Musik, Studium, Forschung, Lesen usw.	Der Erfolg dieser Tätigkeiten wird unterstützt
Geschäftsräume im Norden	Fördern den finanziellen Zufluss

Der Süden

Dem Gewinn bringenden Norden steht auf der Hauptachse des Raumes der Süden gegenüber, dessen Energien für anspruchsvolle Tätigkeiten im Allgemeinen weniger förderlich sind.

Ordnet man dem Norden Gewinn und Erfolg zu, so steht der Süden eher mit Verlust und Schwierigkeiten in Beziehung. Das bedeutet, dass ein zu stark geöffneter Süden, wie man dies in unserem klimatischen Bereich häufig antrifft, zu Verlusten auf finanziellem Gebiet und Schwierigkeiten in allen Lebensbereichen führen kann. Insbesondere wenn ein sehr starkes Ungleichgewicht zwischen einem vollständig geöffneten Süden und einem zum Beispiel aus Energiespargründen geschlossenen Norden besteht, ist mit großen Hindernissen für die Bewohner eines solchen Hauses zu rechnen.

Die Energien des Südens sind schwer, heiß und besitzen nicht die Frische wie Energien des Ostens oder Nordens. Sie eignen sich im Allgemeinen gut zum Schlafen, für Abstellräume, doch auch ein Esszimmer oder ein Wohnzimmer kann dort platziert werden, falls diese Räume nicht die gesamte Südseite einnehmen.

Besitzt man beispielsweise ein Wohnzimmer im Süden, so sollte man entweder die südwestliche oder die südöstliche Ecke des Hauses aussparen und dort eine andere Raumfunktion platzieren.

Beispielsweise eignet sich der Südosten gut für eine Küche, während der Südwesten zum Lagern von Gegenständen oder als Schlafzimmer verwendet werden kann.

Wünscht man im Süden große und offene Fensterflächen, so ist zumindest der Südwesten stark und geschlossen zu gestalten. Das bedeutet, dass man im Südwesten unbedingt auf Fensterflächen verzichten sollte.

Südliche Wände eignen sich hervorragend zum Stellen von Schränken, Schrankwänden und anderen schweren und großen Gegenständen. Wird der Süden auf solche Weise nach Vastu gestaltet, so verleiht er den Bewohnern des Hauses genügend Kraft und Stärke, um den Schwierigkeiten und Herausforderungen des Lebens entgegenzutreten.

Ungünstige Eigenschaften des Südens:

Eigenschaft	Wirkung
Große Fensterflächen	Mangelnde Stabilität und Kraft; ungünstiger Einfluss auf die Lebensdauer
Haupteingang im Süden	Negativer Einfluss in fast allen Bereichen; erhöhte Unfallgefahr
Küche im Süden	Probleme für weibliche Köche bzw. Bewohnerinnen des Hauses
Viel Raum im Süden des Grundstücks (mehr als im Norden)	Verluste übersteigen Gewinne; negative energetische Gesamtbilanz
Keine Gewichte im Süden	Fehlende Stabilität
Viel Wasser im Süden	Verstärkung negativer Energien
Süden des Grundstücks liegt tiefer als der Norden	Beeinträchtigung der organischen Lebensenergie bzw. von deren Nutzung im Haus

Günstige Eigenschaften im Süden:

Eigenschaft	Wirkung
Schwer	Stabilität; lange Lebensdauer; Kraft; Ausdauer

Eigenschaft	Wirkung
Geschlossen	Stabilität; lange Lebensdauer, Kraft; Ausdauer
Schlafzimmer im Süden	Erholsamer Schlaf; Gesundheit
Abstellraum im Süden	Wirkt sich positiv aus
Wohnzimmer im Süden	Akzeptabel, falls nicht die gesamte Südseite als Wohnzimmer genutzt wird

Der Osten

Der Osten gilt als die erste aller Himmelsrichtungen, da dort die Sonne aufgeht. Das Licht der frühen Morgensonne, das aus dem Osten kommt, besitzt die größtmögliche Qualität und auch während des Tages fließt aus dem Osten ständig der solare Aspekt der Lebensenergie in das Grundstück und das Gebäude hinein. Der Osten ist daher mit der Kraft der Sonne und allen Lebensbereichen des Menschen verbunden, die mit der Sonne in Zusammenhang stehen. Hierzu gehören die Karriere, die Gesundheit allgemein, der Wille und das Durchsetzungsvermögen und vor allem die gesellschaftliche Position. Ist der Osten positiv nach Vasati gestaltet, indem er zum Beispiel große Fenster besitzt und mit anspruchsvollen Tätigkeiten erfüllt wird, so wird die Gesundheit, berufliche Entwicklung und Willenskraft der Bewohner gefördert. Ist der Osten jedoch nicht im Einklang mit den Vasati-Prinzipien gestaltet, so mögen Antriebslosigkeit, Herzprobleme, Augenprobleme und finanzielle Schwierigkeiten die Folge sein.

Der Osten sollte so gestaltet werden, dass die aus dieser Richtung einfließende solare Lebensenergie maximal unterstützt wird und ungestörten Zugang zu Grundstück und Gebäude findet. Daher gilt ein Haupteingang im Osten als ideal. Je offener der Osten gestaltet ist, desto stärker kann die Sonne im Haus ihre positiven Kräfte entfalten.

Man sollte es unbedingt vermeiden, im Osten Räume mit abbauenden Energien wie einen Abstellraum, einen Müllraum oder eine Toilette zu platzieren. Hierdurch würde der solare Aspekt der Lebensenergie beeinträchtigt und verunreinigt, was sich vor allem auf die Gesundheit negativ auswirken kann.

Um den Zufluss der solaren Lebensenergie zum Grundstück zu fördern, sollte der Osten niedriger liegen als der Westen und auf dem Grundstück mehr Raum besitzen.

Dem Osten sind männliche Angelegenheiten zugeordnet, insbesondere auf die Söhne des Hauses bezogen. Defekte und auch positive Eigenschaften des Ostens wirken sich nach Vasati daher vor allem direkt auf die Söhne und die männlichen Bewohner aus. Beispielsweise gefährdet ein blockierter Osten die Gesundheit der Männer im Haus durch eine erhöhte Tendenz zu Herzinfarkten und Kreislaufstörungen.

Ungünstige Eigenschaften des Ostens:

Eigenschaft	Wirkung
Unsauber	Solare Lebensenergie wird verunreinigt; ungünstig für die Gesundheit und die finanzielle Entwicklung
Durch Gebäude oder Bäume blockiert	Mangelnde Vitalität, geschwächte Willenskraft, mangelnder Elan für finanzielle Unternehmungen; schwache gesellschaftliche Stellung
Küche im Osten	Schwierigkeiten für die weiblichen Bewohner bzw. Köche
Abstellraum im Osten	Beeinträchtigt Gesundheit und finanzielle Entwicklung
Toilette oder Müll im zentralen Osten	Solare Lebensenergie wird verunreinigt, dadurch verliert sie ihre inspirierende und vitalisierende Kraft
Im Osten liegt der höchste Teil des Gebäudes oder der höchste Teil des Grundstücks	Die Kraft der Sonne wird im Gebäude und auf dem Grundstück vermindert

Eigenschaft	Wirkung
Fensterflächen im Westen viel größer als im Osten	Negative Energiebilanz im feinstofflichen Bereich
Kein Platz auf dem Grundstück im Osten (weniger Platz als im Westen)	Solare Lebensenergie hat keinen Raum zur Entfaltung; mangelnde Vitalität; negative energetische Gesamtbilanz
Fensterlos	Schwächt die Gesundheit, totale Blockade der solaren Lebensenergie

Günstige Eigenschaften im Osten:

Eigenschaft	Wirkung
Sauber	Stärkt solare Lebensenergie
Offen, große Fenster	Solare Lebensenergie kann in die Gebäude eindringen; fördert die Gesundheit
Gebäude und Grundstück im Osten niedriger als im Westen	Solares Prana (Lebensenergie) besitzt viel Raum zur Entfaltung
Viel Raum im Osten des Grundstücks (mehr als im Westen)	Positives energetisches Umfeld für die Gebäude
Bad im Osten des Hauses	Fördert die Gesundheit
Haupteingang im Osten	Erfolg, finanzielle Entwicklung und Gesundheit werden gefördert
Pflanzen im Osten des Hauses oder der Räume	Stärkt den solaren Aspekt der Lebensenergie
Wasser im Osten des Hauses, der Räume oder auf dem Grundstück	Die Lebensenergie wird verstärkt
Im Osten werden anspruchsvolle Tätigkeiten ausgeführt, wie Musik, Studium, Forschung, Lesen usw.	Der Erfolg dieser Tätigkeiten wird unterstützt

Eigenschaft	Wirkung
Esszimmer im Osten	Fördert die Verdauung
Meditationsraum im Osten	Fördert die Meditation und die geistige Entwicklung

Der Westen

Während der Osten die Kraft der aufgehenden Sonne enthält, wird der Westen durch die Kraft der untergehenden Sonne geprägt. Dementsprechend sind seine Eigenschaften Ruhe, Abschluss und Harmonie. Der Westen eignet sich daher hervorragend zum Schlafen und Entspannen. Als Schlafzimmer für Kinder und allein stehende Menschen ist er generell gut geeignet, während sich der Westen als Schlafzimmer für Ehepaare nur bedingt eignet. Für diesen Fall müssen zusätzlich astrologische Betrachtungen angestellt werden, die darüber Auskunft geben, welchen Einfluss der Westen auf die Beziehung des Ehepaares hat.

Im Westen kommt mit der untergehenden Sonne der Tag zum Abschluss und die Natur erreicht damit einen Zustand stiller Harmonie. Der Westen eignet sich aus diesem Grunde gut, um Dinge oder Tätigkeiten zum Abschluss, zur Vollkommenheit oder in die Harmonie zu bringen.

Der Westen ist ebenso wie der Osten eine männliche Richtung und seine Vastu-Eigenschaften beeinflussen vor allem die männlichen Kinder des Hauses. Störungen im Westen bewirken Probleme im Bereich der Partnerschaft oder Ehe und können Krankheiten fördern, die die Knochen, Nieren, Zähne, Haare und den Geist betreffen. Auch können Depressionen gefördert werden.

Als Ort für den Haupteingang eignet sich der Westen nur bedingt. Nach dem Osten und Norden ist er die drittbeste Richtung für diesen Zweck und fördert vor allem die Wirkung der Bewohner des Gebäudes nach außen. Die Popularität des Hauses oder seiner Bewohner wird ebenso beeinflusst. Ein Eingang im Westen mag daher die Bekanntheit fördern, kann sich jedoch gleichzeitig negativ auf die Beziehungen innerhalb des Hauses unter den Bewohnern auswirken. Insbesondere treten in Häusern mit Westeingang häufiger Scheidungen auf als bei Häusern mit Eingang im Norden oder Osten. Auch in diesem Fall müssten zusätzliche astrologische Untersuchungen angestellt werden.

Ungünstige Eigenschaften des Westens:

Eigenschaft	Wirkung
Große Fensterflächen (größer als im Osten)	Negative energetische Gesamtbilanz für die solare Lebensenergie
Mehr Platz auf dem Grundstück im Westen als im Osten	Der solare Aspekt der Lebensenergie wird geschwächt
Küche im Westen	Zu wenig Feuer zum Kochen; Gesundheit wird beeinträchtigt
Haupteingang im Westen	Mag zu Eheproblemen führen

Günstige Eigenschaften im Westen:

Eigenschaft	Wirkung
Weniger Fenster im Westen als im Osten	Stärkt solare Lebensenergie
Westen schwer gestaltet	Gibt Stabilität und vermindert die negativen Einflüsse des Planeten Saturn im Haus und auf die Bewohner
Eingang im Westen	Popularität des Hauses bzw. seiner Bewohner wird gefördert
Weniger Platz im Westen des Grundstücks als im Osten	Positives energetisches Umfeld für die Gebäude
Bad im Westen des Hauses	Fördert die Gesundheit
Abstellraum im Westen	Fördert Stabilität und Substanz
Kinderzimmer im Westen	Fördert die Entwicklung und Ausbildung der Kinder
Esszimmer im Westen	Fördert die Verdauung
Studierzimmer im Westen	Fördert Kreativität und intellektuelle Leistungen

Eigenschaft	Wirkung
Wohnzimmer im Westen	Fördert Ruhe, Entspannung und Harmonie innerhalb der Familie
Konferenzraum oder Besprechungszimmer im Westen	Fördert ausgewogene Ergebnisse

Der Nordosten

Der Nordosten ist das Tor der Energien zum Grundstück. Was immer sich dort befindet, färbt die Qualität der Energien des ganzen Grundstücks bzw. des Gebäudes. Daher sollte der Nordosten sauber, ordentlich und frei gestaltet werden, um den einströmenden Energien möglichst wenig Widerstand entgegenzusetzen und diese Energien nicht negativ zu beeinflussen. Befindet sich dort beispielsweise ein Raum, in dem gelesen oder meditiert wird, so beeinflussen diese anspruchsvollen Tätigkeiten das Energieniveau im ganzen Haus. Ebenso führt eine Toilette im Nordosten dazu, dass die einströmende Lebensenergie die Qualität der Toilettenenergie in das ganze Haus trägt.

Die hohe Qualität des Nordostens hat ihre Ursache auch darin, dass aus dieser Richtung die feinstofflichen Energien der Sonne einfließen, die sie aussendet, kurz bevor sie am frühen Morgen im Osten aufgeht. Im Sommer erreichen uns die frühen Morgenstrahlen der Sonne direkt aus dem Nordosten, doch auch schon kurz vor Sonnenaufgang erwacht die Natur durch die feinen Schwingungen der Sonne zu neuem Leben. Diese Energiequalität besitzt der Nordosten nicht nur am frühen Morgen, sondern behält diese während des gesamten Tages bei.

Der Nordosten ist der Kopf des Energiefeldes des Raumes. Seine Qualität bestimmt die Kohärenz, das heißt die innere Verbindung und Kommunikation des Energiefeldes. Ist der Nordosten frei, leicht, sauber und offen gestaltet, so kann sich ein positives Energiefeld ausbilden, dessen Teile innerlich miteinander verbunden sind und miteinander kommunizieren. Ist diese innere Verbindung durch Vastu-Defekte im Nordosten gestört, mag das

Energiefeld des Gebäudes in einen chaotischen Zustand übergehen, sodass unkontrollierte Prozesse wie Krebswachstum begünstigt werden können. Auch würde in einem solchen Fall das Immunsystem der Bewohner negativ beeinflusst.

Der Nordosten fördert weiterhin die spirituelle Wahrnehmung und Entwicklung der Bewohner. Je mehr hochwertigen Raum man im Nordosten seines Hauses oder eines Raumes schafft, desto mehr Freiraum steht einem für spirituelles Wachstum zur Verfügung.

Ebenso wie der Osten besitzt der Nordosten männliche Qualität. Vastu-Defekte und auch positive Eigenschaften im Nordosten beeinflussen in erster Linie den Besitzer des Hauses, doch generell auch alle anderen Bewohner.

Ungünstige Eigenschaften des Nordostens:

Eigenschaft	**Wirkung**
Unsauber	Das gesamte Energiefeld wird verunreinigt; Neigung zu Tumorbildung wird verstärkt
Durch Gebäude oder Bäume blockiert	Mangelnde Vitalität, Schwächung des Immunsystems
Küche im Nordosten	Mentale Probleme
Abstellraum im Nordosten	Schwächung des gesamten Energiefeldes; Probleme für die Nachkommenschaft; Neigung zur Tumorbildung
Toilette oder Müll im Nordosten	Verunreinigung des gesamten Energiefeldes; Neigung zur Tumorbildung
Nordosten ist auf dem Grundstück oder im Gebäude erhöht	Schwächung des gesamten Energiefeldes
Nordosten geschlossen	Fehlende Lebensenergie im Haus

Eigenschaft	Wirkung
Kein Platz auf dem Grundstück im Nordosten	Lebensenergie besitzt keinen Raum zur Entfaltung
Schlafzimmer im Nordosten	Geistige Entwicklung „schläft ein“

Günstige Eigenschaften im Nordosten:

Eigenschaft	Wirkung
Sauber, offen, ordentlich und frei	Lebensenergie findet ungestört Zugang zum Gebäude und ist kohärent
Nordosten liegt tiefer als die anderen Richtungen	Stärkt die Lebensenergie
Viel Platz im Nordosten	Das gesamte Energiefeld wird gestärkt
Meditationsraum im Nordosten	Fördert die spirituelle Entwicklung
Keller im Nordosten	Stärkt Energien im Haus
Wasser im Nordosten	Stärkt die Lebensenergie
Pflanzen im Nordosten	Belebt die Lebensenergie
Spiegel im Nordosten	Erweitern den Raum für positive Energien

Der Südwesten

Dem Nordosten auf der Diagonalen gegenüberliegend befindet sich der Südwesten, dessen Vastu-Eigenschaften denen des Nordostens ebenfalls diametral entgegengesetzt sind. Sind die Energien des Nordostens besonders hochwertig und leicht, so befinden sich im Südwesten eher schwere und verbrauchte Energien, die beim Bestehen schwerwiegender Vastu-Defekte stark ins Negative tendieren können.

Dies ist beispielsweise der Fall, wenn der Südwesten offen und leicht gestaltet wird und sich dort beispielsweise der Eingang befindet. Um den negativen Energien des Südwestens entgegenzuwirken, sollte dieser schwer und geschlossen gestaltet werden. Aus demselben Grund sollte sich im Südwesten kein Wasser befinden und auch Vertiefungen sollte es dort nicht geben, um die negativen Energien nicht unnötig zu stärken.

Besitzt das Gebäude gute Vastu-Eigenschaften und ist insbesondere der Südwesten in Einklang mit den Vastu-Prinzipien gestaltet, so eignen sich die Energien der Räume im Südwesten hervorragend zum Schlafen. Der Südwesten verleiht Gewicht und Durchsetzungsvermögen und ist daher auch der richtige Platz für den Chef, den Vater oder die älteren Bewohner des Hauses.

Von den Vastu-Eigenschaften des Südwestens hängt neben der Stabilität und dem Einfluss auch die Lebensdauer der Bewohner des Gebäudes ab. Seine Eigenschaften können das Schicksal der Bewohner existenziell beeinflussen und stehen vor allem mit dem Besitzer, dem Vater oder ältesten männlichen Bewohner des Hauses in Zusammenhang.

Der Südwesten ist der richtige Ort für alles, was mit den Vorfahren, Urahnen und allgemein höher gestellten Persönlichkeiten in Zusammenhang steht. Bilder solcher Persönlichkeiten sollten daher vorwiegend im Südwesten eines Gebäudes bzw. eines Raumes aufgehängt werden.

Ungünstige Eigenschaften des Südwestens:

Eigenschaft	Wirkung
Leicht	Mangelnde Stabilität für die Bewohner des Hauses und Einfluss negativer Energien
Fenster im Südwesten	Negative Energien gelangen in das Haus
Eingang im Südwesten	Starker Einfluss negativer Energien
Wasser im Südwesten	Negative Einflüsse werden verstärkt
Keller im Südwesten	Starke Einflüsse negativer Energien
Swimmingpool im Südwesten	Existenzielle Schwierigkeiten vor allem für den Besitzer des Hauses
Kein rechter Winkel im Südwesten	Schwierigkeiten für den Hausherrn

Eigenschaft	**Wirkung**
Viel Platz im Südwesten des Grundstücks	Negative Energien besitzen viel Raum zur Entfaltung
Kinderschlafzimmer im Südwesten	Kinder sind in der Familie zu dominant

Günstige Eigenschaften im Südwesten:

Eigenschaft	**Wirkung**
Geschlossen und schwer	Schutz vor negativen Energien
Abstellraum	Vermindert den Einfluss negativer Energien
Hohe Bäume	Schützen das Grundstück vor negativen Energien
Wenig Platz auf dem Grundstück im Südwesten	Negative Energien haben keinen Raum zur Entfaltung
Schlafzimmer der Eltern	Fördert Familienbeziehungen

Der Nordwesten

Die noch verbleibenden Himmelsrichtungen Nordwesten und Südosten sind eng miteinander verbunden. Sie verkörpern zusammengenommen die dynamische Diagonale, da beide Richtungen durch Bewegung und Energie gekennzeichnet sind. Im Südosten ist die Bewegung im Inneren der Materie verborgen und tritt als Wärme oder Feuer in Erscheinung, während sie im Nordwesten als äußere Bewegung direkt sichtbar wird.

Der Nordwesten steht daher auch mit dem Luftelement in Zusammenhang. Das Luftelement ist für Bewegung, Austausch, Atmung und den Fluss der Lebensenergie im Körper verantwortlich. All diese Lebensbereiche hängen daher von den Vastu-Eigenschaften des Gebäudes und Grundstücks im Nordwesten ab. Ist der Nordwesten in Einklang mit den Vastu-Eigenschaften gestaltet, so sind die Energien im Haus dynamisch und beweglich, ohne unstetig zu sein. Besitzt der Nordwesten hingegen zu viel Platz bzw. gibt es dort starke Erweiterungen oder zu große Öffnungen des Wohnraumes durch riesige Fensterflächen oder einen

Haupteingang direkt im Nordwesten, so wird der Einfluss des Luftelements zu stark. In diesem Fall können Wechselhaftigkeit, Unstetigkeit, Launenhaftigkeit und fehlende Stabilität die Folge sein. In einem Haus, das vor allem durch die Energien des Nordwestens dominiert wird, ist es schwierig, eine dauerhaft stabile Situation herbeizuführen. Was immer kommt, geht auch schnell wieder.

Ist der Nordwesten blockiert, besitzt er keine Fenster oder Türen und keinen Platz auf dem Grundstück, so mag die hierdurch hervorgerufene Störung des Luftelements in Form von Bewegungseinschränkungen, Atemproblemen, Beziehungsproblemen und psychischen Schwierigkeiten zum Ausdruck kommen.

Der Nordwesten ist eng mit der Bewegung des Mondes, seinem astrologischen Herrscher, verbunden. Daher stehen die Vastu-Eigenschaften des Nordwestens eng mit emotionalen Veränderungen, psychischen Problemen und Depressionen in Zusammenhang, da solche Vorgänge vom Mond beherrscht werden.

Der Nordwesten steht auch für Kommunikation und Beziehungen. Ein starker Nordwesten ist daher nicht nur für ein ungestörtes Privatleben, sondern auch für jede Art von Geschäft oder Handel von großer Bedeutung. Man könnte den Nordwesten daher auch als die Beziehungs- und Kommunikationsecke bezeichnen.

Aus diesem Grund eignet sich der Nordwesten gut für ein Büro oder ein Gästezimmer. Andere günstige Nutzungsmöglichkeiten wären eine Speisekammer, um die Lebensmittel frisch zu halten und eine Küche, die ebenfalls von den dynamischen Energien des Nordwestens profitiert.

Als Schlafplatz ist der Nordwesten generell zu unruhig und fördert daher einen tiefen und erholsamen Schlaf nicht.

Schwierigkeiten, die auftreten können, falls der Nordwesten gestört ist, sind Streit, Betrug, Diebstahl und eine erhöhte Feuergefahr.

Ungünstige Eigenschaften des Nordwestens:

Eigenschaft	Wirkung
Haupteingang im Nordwesten	Unstetigkeit, Wechselhaftigkeit, zu hohe Ausgaben, Streit
Nordwesten blockiert	Atemprobleme, Bewegungseinschränkungen, Depressionen
Erweiterung des Gebäudes im Nordwesten	Instabilität, mentale Probleme
Fehlbereich im Nordwesten	Einschränkung der Beweglichkeit, Probleme im Bereich Kommunikation und Beziehungen
Toilette im Nordwesten	Beziehungsprobleme
Nordwesten zu schwer (Lager für schwere Gegenstände)	Mangelnde Beweglichkeit
Safe im Nordwesten	Zu hohe Ausgaben
Schlafzimmer im Nordwesten	Unruhiger und flacher Schlaf

Günstige Eigenschaften im Nordwesten:

Eigenschaft	Wirkung
Nordwesten für bewegliche Dinge genutzt wie Fahrzeuge, Fahrräder etc.	Fördert die Beweglichkeit im Haus
Gästezimmer	Fördert die Beziehung zu Gästen
Küche	Frische und gesunde Nahrung
Büro	Fördert Geschäft und Kontakte
Speisekammer	Hält Lebensmittel frisch
Pflanzen	Fördern Kommunikation und Beziehungen
Yoga- oder Sportraum	Fördert die Gesundheit und körperliche Beweglichkeit
Massageliege	Fördert die Wirkung der Massage

Der Südosten

Der Südosten wird ganz und gar durch die Präsenz des Feuerelements geprägt. Von seinen Vastu-Eigenschaften hängt es ab, ob das sensible Feuerelement im Haus in Harmonie mit den anderen Elementen steht oder Störungen verursacht. Ist der Südosten gestört, so kann sich das in einer Erhöhung oder Verminderung des Feuers ausdrücken. Besitzt die Wohnung beispielsweise einen Fehlbereich im Südosten oder befindet sich dort ein Wasserbehälter, so ist das Feuer vermindert. In diesem Fall können Antriebslosigkeit, ein gestörtes Verdauungsfeuer oder Verzögerungen wichtiger Ereignisse die Folge sein.

Ist der Südosten hingegen erweitert oder besitzt er auf dem Grundstück sehr viel mehr Platz als die anderen Himmelsrichtungen, so kann das Feuer erhöht sein. Das mag zu erhöhter Brandgefahr, einer erhöhten Tendenz zu Streit und Konflikten und zu Diebstahl führen. Ein Haupteingang im Südosten mag ähnliche Konsequenzen nach sich ziehen.

Der Südosten eignet sich ideal für die Küche, die in allen anderen Himmelsrichtungen schwächer platziert ist. Lediglich der Nordwesten bietet sich als gute Alternative für die Küche an. Als Richtung für ein Schlafzimmer ist der Südosten zu vermeiden, da das Feuer des Südostens den Schlaf und damit die Gesundheit negativ beeinflussen kann. Insbesondere für Kinder sollte der Südosten nicht als Ort zum Schlafen gewählt werden.

Ansonsten sollte alles, was mit dem Element Feuer in Beziehung steht, wie die Heizung, ein Kamin oder elektrische Geräte im Südosten des Hauses oder der einzelnen Räume platziert werden, sodass die Präsenz des Feuerlements gestärkt wird.

Sowohl der Südosten als auch der Nordwesten sind weibliche Himmelsrichtungen, was bedeutet, dass Störungen dieser Himmelsrichtungen vor allem die weiblichen Energien im Haus beeinträchtigen. Der Südosten steht hierbei für den Genuss des Lebens, Lebensfreude und die Kraft der Sinne, während der Nordwesten eher mit dem mentalen Aspekt der Emotionen und der Psyche in Zusammenhang steht.

Ungünstige Eigenschaften des Südostens:

Eigenschaft	Wirkung
Blockiert	Störungen im Bereich Heizung, Verdauungsfeuer, Energieversorgung
Fehlbereich im Südosten	Mangelndes Feuer in verschiedenen Lebensbereichen
Erweiterung des Südostens	Erhöhte Brandgefahr; Streit; Diebstahl; Entzündungen
Wasser im Südosten (Bad oder Swimmingpool)	Schwächung des gesamten Energiefeldes; geschwächtes Verdauungsfeuer; Probleme mit der Heizung
Bad im Südosten	Geschwächtes Feuer
Haupteingang im Südosten	Erhöhte Tendenz zu Streit, Bränden, Konflikten, Infektionen usw.
Schlafzimmer im Südosten	Gesundheitliche Gefährdung durch Infektionen, unruhigen Schlaf usw.
Abstellraum im Südosten	Das Feuer wird vermindert

Günstige Eigenschaften im Südosten:

Eigenschaft	Wirkung
Küche im Südosten	Energetisierung der Nahrung ist gewährleistet
Heizung im Südosten des Gebäudes	Stärkt die Energien im ganzen Gebäude
Elektroinstallationen im Südosten des Gebäudes	Feuerelement wird gestärkt
Kamin im Südosten	Günstig

Die Bewohner des Hauses

Das folgende Diagramm ordnet jeder der acht Himmelsrichtungen die jeweiligen Bewohner des Hauses zu, mit denen sie verbunden ist. Diese Personen werden von den positiven oder negativen Vastu-Eigenschaften des Hauses in der entsprechenden Richtung am stärksten betroffen. Ein Defekt im Nordosten wird sich beispielsweise vor allem negativ auf den Vater oder Besitzer des Hauses auswirken, während die positiven Eigenschaften im Norden vor allem die Mutter und die Frauen begünstigen.

weiblich Frauen, 1. Sohn	**weiblich** Mutter, Frauen	**männlich** Vater, Söhne
männlich Söhne	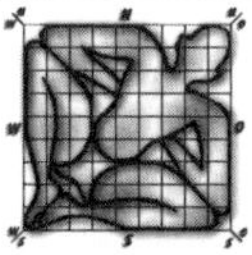	**männlich** Söhne
männlich Vater, Mutter, 1. Sohn	**weiblich** Frauen, Töchter	**weiblich** Frauen, Kinder, 2. Sohn

Hierbei wird deutlich, dass es zwei männliche und zwei weibliche Achsen gibt. Die Ost-West-Achse ist männlichen Angelegenheiten und Personen zugeordnet, wobei vor allem die Kinder betroffen sind, während die Nordost-Südwest-Diagonale vor allem die Männer im Haus betrifft.

Die Süd-Nord-Achse ist eine weibliche Achse, wobei der Norden vor allem die Mutter und die Beziehung zur Mutter repräsentiert. Die Südost-Nordwest-Diagonale ist ebenfalls stärker mit den weiblichen Bewohnern des Hauses verbunden.

Bei dieser groben Zuordnung sollte man sich jedoch darüber im Klaren sein, dass in jeder weiblichen Richtung auch männliche Aspekte und Eigenschaften vorhanden sind, während die männlichen Richtungen auch weibliche Anteile haben.

Die Nutzung der acht Himmelsrichtungen

Das folgende Diagramm gibt einen Überblick über die besten Nutzungsmöglichkeiten der acht Himmelsrichtungen. Diese Zuordnung ist allgemeiner Natur und kann in Beziehung zu den individuellen Personen durch die persönlichen Himmelsrichtungsqualitäten abgewandelt werden.

Gästezimmer Büro Speisekammer Übungsraum	Wohnzimmer Büro Bibliothek Lesezimmer	Meditationsraum Wohnzimmer Lesezimmer
Wohnzimmer Bad Studierzimmer Esszimmer Kinderzimmer	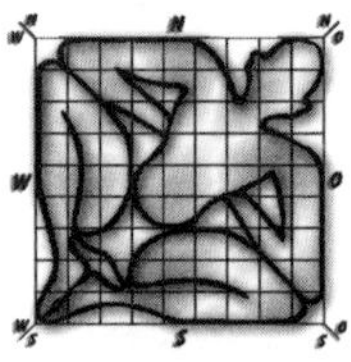	Bad Haupteingang Wohnzimmer Esszimmer
Abstellraum Schlafzimmer	Schlafzimmer Wohnzimmer Abstellraum	Küche Heizung Elektroinstallationen

Hierbei gibt es für jeden einzelnen Raum verschiedene Möglichkeiten, ihn ideal zu platzieren, was man der folgenden Aufstellung entnehmen kann:

Schlafzimmer

Das Schlafzimmer der Eltern sollte sich am besten im Süden oder Südwesten des Hauses befinden. Der Südwesten eignet sich jedoch nur dann zum Schlafen, wenn das Haus insgesamt gesehen positive Vastu-Eigenschaften besitzt. Ist dies nicht der Fall, sammeln sich im Südwesten negative oder verbrauchte Energien, die diesen Bereich zum Schlafen ungeeignet machen. Der Süden eignet sich prinzipiell für alle Bewohner des Hauses zum Schlafen.

Kinder schlafen am besten im Westen des Hauses, wobei jedoch auch der Süden in Betracht kommt. Im Südwesten sollte sich kein Kinderschlafzimmer befinden, da ihnen dort zu viel Gewicht zukäme, was die Familienharmonie gefährden könnte. Sowohl im

Südosten als auch im Nordwesten mag die Entwicklung des Kindes durch zu viel Bewegung (Nordwesten) oder zu viel Feuer (Südosten) gestört werden. Der Osten und der Norden kommen wiederum als Kinderzimmer infrage, während der Nordosten prinzipiell für Schlafzimmer nicht geeignet ist.

Der Nordwesten ist ideal für Gäste zum Schlafen geeignet, während die ständigen Bewohner eines Hauses besser in Richtungen mit ruhigeren Energien schlafen sollten.

Wohnzimmer

Bei der Platzierung des Wohnzimmers besitzt man viel Freiheit, da dieses generell in allen Himmelsrichtungen liegen kann. Besonders gut eignen sich die Energien des Nordens, Nordostens und Ostens für ein Wohnzimmer, wobei jedoch zu bedenken ist, dass die meisten Menschen in Europa nicht auf eine Terrasse im Süden des Wohnzimmers verzichten möchten. Daher ist es in unseren Breitengraden angebracht, ein Wohnzimmer auch im Süden oder Westen zu platzieren, wobei man jedoch unbedingt darauf achten sollte, den Südwesten geschlossen zu halten und die größeren Fensteröffnungen und Terrassentüren im Süden oder Westen zu haben. Vastu empfiehlt auch den Westen als Wohnzimmer, da diese Richtung Ruhe, Harmonie und Entspannung verkörpert.

Falls der Süden als Ort für das Wohnzimmer gewählt wird, sollte man unbedingt darauf achten, dass nicht der gesamte Süden in diesen Raum einbezogen wird. Am besten spart man den Südosten für die Küche aus oder platziert ein Schlafzimmer oder einen Abstellraum im Südwesten. Für eventuell im Süden oder Westen platzierte Terrassen mit den dazugehörigen Türen sollte man jeweils in der entgegengesetzten Richtung ein entsprechendes Gegengewicht schaffen, indem man auch dort eine solche Tür bzw. Terrasse platziert.

80% **NW**	100% **N**	100% **NO**
100% **W**	100%	100% **O**
70% **SW**	70% **S**	60% **SO**

Dieses Diagramm zeigt, wie gut das Wohnzimmer in den acht Himmelsrichtungen platziert ist

Küche

Wie bereits erwähnt, gehört die Küche im Idealfall in den Südosten, da dort das Feuerelement zu Hause ist, das zum Kochen und Energetisieren der Nahrung wichtig ist. Die zweitbeste Alternative ist der Nordwesten, dessen Eigenschaften eng mit denen des Südostens verbunden sind. Dort herrscht jedoch das Luftelement vor, sodass viele Gäste zum Essen und ein damit verbundener erhöhter Kochaufwand zu erwarten sind.

Alle anderen Richtungen sind als Platz für die Küche weniger gut geeignet. Befindet sie sich im Süden oder Osten, so müssen die Frauen beim Kochen mit Schwierigkeiten rechnen. Im Norden und Westen ist das Feuerelement zu schwach, sodass zum Kochen zu wenig Energie zur Verfügung steht, während der Nordosten sich bestenfalls für eine rein vegetarische Küche mit hohem Sauberkeitsstandard eignet. In diesem Fall wäre es besonders wichtig, den Herd im Südosten der Küche zu platzieren.

80% **NW**	30% **N**	20% **NO**
40% **W**	0%	50% **O**
20% **SW**	50% **S**	100% **SO**

Dieses Diagramm zeigt, wie gut die Küche in den acht Himmelsrichtungen platziert ist

Abstellraum

Mit der Verteilung von Abstellräumen im Haus sollte man prinzipiell vorsichtig verfahren. Jede Ecke des Hauses, in der gehäuft nutzlose oder nicht gebrauchte Dinge abgestellt werden, gilt als ein solcher Abstellraum. Solche Räume besitzen abbauende Energie und sollten daher hauptsächlich im Süden, Westen oder Südwesten des Gebäudes liegen.

Im Norden, Osten und Nordosten sollten Abstellräume oder Rumpelecken unbedingt vermieden werden. In diesen Bereichen wirken sie sich sehr ungünstig auf die Gesundheit des Vaters (Nordosten und Osten), die Entwicklung der Kinder (Osten), die Geburt der Nachkommen (Nordosten) und die Gesundheit im Allgemeinen (Norden) aus.

50% **NW**	10% **N**	0% **NO**
90% **W**	0%	0% **O**
100% **SW**	90% **S**	50% **SO**

Dieses Diagramm zeigt, wie gut ein Abstellraum in den acht Himmelsrichtungen platziert ist

Büro

Ein Büro kann sich generell in jeder Himmelsrichtung befinden, ohne einen nennenswerten Vastu-Defekt zu verursachen. Auch hierbei sollten die persönlichen, individuellen Himmelsrichtungsqualitäten der einzelnen Personen berücksichtigt werden, die in dem Büro arbeiten.

Trotzdem sind die Bereiche des Hauses im Norden, Osten und Nordosten als Ort für ein Büro vorzuziehen, da die Energien dieser Himmelsrichtungen ein konzentriertes und kreatives Arbeiten fördern.

Im Nordosten sollte man jedoch auf eine möglichst ruhige Arbeitsatmosphäre und einen ständig aufgeräumten und ordentlichen Büroplatz achten.

Der Osten eignet sich besonders gut für innovative Tätigkeiten, die von der Kraft der aufgehenden Sonne profitieren, während der Westen der ideale Ort für das Studium und die Vertiefung in Literatur darstellt.

Im Nordwesten findet ein Büro seinen idealen Platz, in dem vor allem im Bereich Kommunikation und Handel gearbeitet wird, während der Südwesten sich als Ort für das Chefbüro anbietet, um dessen Einfluss zu unterstreichen. Der Süden eignet sich im Allgemeinen nicht so gut für anspruchsvolle Tätigkeiten und auch der Südosten besitzt für ein Büro nicht die richtige Energiequalität.

80% **NW**	100% **N**	70% **NO**
80% **W**	100%	80% **O**
50% **SW**	20% **S**	60% **SO**

Dieses Diagramm zeigt, wie gut ein Büro in den acht Himmelsrichtungen platziert ist

Bad und Toilette

Im Vastu wird empfohlen, Bad und Toilette voneinander getrennt zu halten, da es sich jeweils um einander entgegengesetzte energetische Vorgänge handelt. Während die Toilette ein Ort abbauender Energien ist, der seinen Besucher in einem energetisch verunreinigten Zustand entlässt, ist ein Bad ein Ort reinigender und aufbauender Energien.

Toiletten sollten aus diesem Grunde sehr vorsichtig platziert werden, wobei die besten Orte hierfür vor allem zwischen den Himmelsrichtungen liegen. Nicht geeignet für eine Toilette sind vor allem der Osten, Nordosten, Norden, Nordwesten und Südwesten. Am besten platziert man sie zwischen dem Westen und Südwesten, zwischen dem Westen und Nordwesten, zwischen dem Südwesten und dem Süden, zwischen dem Süden und dem Südosten, zwischen dem Südosten und dem Osten oder zwischen dem Nordwesten und dem Norden.

Die folgende Tabelle zeigt den Effekt von Toiletten in verschiedenen Himmelsrichtungen:

Richtung	**Wirkung**
Nordosten	Verunreinigung der Lebensenergie
Norden	Schwächung der Gesundheit
Osten	Schwächung der solaren Lebensenergie
Westen	Akzeptabel
Nordwesten	Probleme im Beziehungsbereich
Südwesten	Existentielle Probleme für den Hausherrn
Süden	Akzeptabel
Südosten	Schwächt das Feuer

Ein Bad ohne Toilette liegt am besten im Osten, da dort die Kraft der Sonne eine zusätzliche reinigende Wirkung hat. Für diesen Zweck eignen sich jedoch auch der Süden, Westen,

Nordwesten und Norden, während der Südosten, Südwesten und Nordosten als Ort für ein Bad vermieden werden sollten.

Das Speisezimmer

Ebenso wie Bad und Toilette voneinander zu trennen sind, empfiehlt Vastu auch, die Küche und den Essbereich räumlich voneinander zu trennen. Der Grund hierfür liegt darin, dass für das Kochen sehr saubere Umstände vorherrschen sollten, die an einem Essplatz nicht gegeben sind.

Auch vom energetischen Standpunkt her sind die Vorgänge der Nahrungszubereitung und Nahrungsaufnahme voneinander zu separieren.

Befindet sich die Küche wie empfohlen im Südosten, so kann man den Essbereich im benachbarten Osten oder Süden platzieren. Beide Himmelsrichtungen eignen sich gut zum Speisen. Der ideale Ort für das Speisezimmer ist der Westen, besonders wenn die Küche im Nordwesten liegt.

70% **NW**	50% **N**	70% **NO**
100% **W**	60%	80% **O**
30% **SW**	80% **S**	30% **SO**

Dieses Diagramm zeigt, wie gut das Esszimmer in den acht Himmelsrichtungen platziert ist

Die Speisekammer

Auch Nahrungsmittel sollten nicht in größeren Mengen in der Küche gelagert werden. Die idealen Orte zum Lagern von Lebensmitteln sind der Nordwesten und der Westen. Auch der Süden bietet sich hierfür an, wenn er keine Fenster besitzt, die die Nahrungsmittel der Sonne aussetzen.

80% **NW**	100% **N**	100% **NO**
100% **W**	100%	100% **O**
70% **SW**	70% **S**	60% **SO**

Dieses Diagramm zeigt, wie gut die Speisekammer in den acht Himmelsrichtungen platziert ist

Die Aufteilung des Grundstücks nach den Himmelsrichtungen

Das folgende Diagramm zeigt die optimale Nutzung der verschiedenen Himmelsrichtungen auf dem Grundstück nach Vastu.

Garage Fahrzeuge Fahrräder Kräutergarten Spielplatz	Terrasse Gewässer Viel freier Platz Rasen Garten	Gewässer Keine Bäume Garten Terrasse Balkon
Bäume Hügel Steingarten Wenig Platz	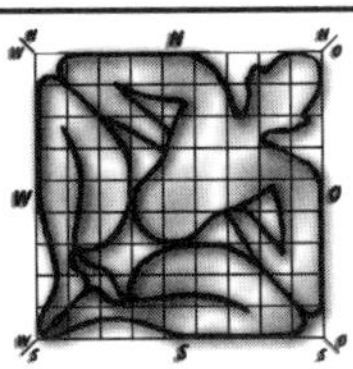	Garten Terrasse Gewässer Viel Platz
Hohe Bäume Steingarten Abstellschuppen Keine Gewässer	Bäume Steingarten Wenig freier Platz Hügel	Feuer Elektrische Installationen

Wohnen mit den neun Planeten

Nach der Auffassung des Vastu finden sich im Haus alle Kräfte und Einflüsse wieder, die auch im Universum auf den Menschen wirken. Ein wirkungsvolles und einfaches System zum Verständnis dieser Einflüsse sind die neun Planeten unseres Sonnensystems. Die astrologischen Systeme aller Kulturen beschreiben mithilfe dieser Planeten sehr genau die auf den Menschen wirkenden Kräfte, die wie unsichtbare Fäden sein Schicksal mitbestimmen. Alle Lebensbereiche des Menschen werden durch die neun Planeten und ihre Wechselwirkungen repräsentiert, sodass ihre Anordnung als ein Abbild der Lebenssituation eines Menschen oder eines Hauses angesehen werden kann.

Ebenso wie die verschiedenen Lebensbereiche von den einzelnen Planeten beherrscht werden, steht auch jede Himmelsrichtung, jede Raumfunktion, jedes Baumaterial und jedes andere Detail eines Hauses unter dem Einfluss eines bestimmten Planeten. Innerhalb eines Hauses treten diese Dinge und damit auch die neun Planeten in eine starke Wechselwirkung, durch die auch die Bewohner des Hauses beeinflusst werden. Das Haus oder die Wohnung eines Menschen wirkt hierbei wie eine Art Linse, die die Einflüsse der neun Planeten auf seine Bewohner fokussiert und ihn deren Wechselwirkungen spüren lässt.

Hält sich ein Bewohner beispielsweise in einem Raum auf, der sich im Norden eines Hauses befindet, so steht er damit automatisch unter dem Einfluss des Planeten Merkur, dem Herrscher des Nordens. Richtet sich dieser Bewohner dort ein Büro ein, in dem er seine finanziellen Angelegenheiten verwalten möchte, so kommt der Einfluss des Planeten Merkur diesem Vorhaben sehr zugute. In diesem Fall gilt es dann noch zu beachten, dass der Norden im Einklang mit den Vastu-Prinzipien gestaltet wird.

Ein Büro im Süden, der vom Planeten Mars beherrscht wird, steht wiederum unter anderen Einflüssen. Der Planet Mars fördert eher die pragmatischen Aspekte des Lebens, die mit Arbeit, Forschung oder Technik in Zusammenhang stehen.

Die folgende Tabelle ordnet jeder Himmelsrichtung den sie beherrschenden Planeten zu (zur Bedeutung von Rahu und Ketu siehe Seite 92–96):

Himmelsrichtung	**Beherrschender Planet**
Osten	Sonne
Südosten	Venus
Süden	Mars
Südwesten	Rahu
Westen	Saturn
Nordwesten	Mond
Norden	Merkur
Nordosten	Jupiter/Ketu

Aus dieser Zuordnung lassen sich weitere wichtige Eigenschaften der acht Himmelsrichtungen und Schlussfolgerungen über ihre Wirkung auf die Bewohner ableiten. Hierzu ist es jedoch notwendig, die wichtigsten Eigenschaften der neun Planeten zu kennen, die in der vedischen Astrologie ausschlaggebend sind. Die folgende Aufstellung enthält die wichtigsten Eigenschaften der neun Planeten, ihre Beziehung zu den Lebensbereichen des Menschen und ihre Bedeutung im Wohnraum.

Sonne – Herrscherin des Ostens

Die Sonne steht für Licht und Wahrheit. Sie ist der Ursprung aller anderen Planeten und steht daher für das Selbst des gesamten Universums. Sie symbolisiert die kosmische Intelligenz und reines Bewusstsein.

Sie ist im Haus vor allem mit dem Osten und dem Fluss des solaren Pranas (Lebensenergie) aus dem Osten verbunden. Defekte oder positive Vastu-Eigenschaften des Ostens oder der anderen Aspekte des Wohnraums, die von der Sonne beherrscht werden, betreffen daher vor allem die folgenden Lebensbereiche, Organe usw.:

Beherrschte Aspekte im Haus: Sonnenfenster, Meditationsraum, Medizinschrank, Osten, solares Prana

Lebensbereiche: Geschäft, soziale Stellung, Macht, Karriere, Gesundheit

Organe: Herz, Wirbelsäule, rechtes Auge beim Mann (linkes Auge bei der Frau), Mund, Blinddarm, Hals, Kreislaufsystem, Gehirn

Fördert die folgenden Bereiche: Aktivität, Autorität, Stetigkeit, Standhaftigkeit, Willen Position, Glück

Gute Platzierung der Sonne bewirkt: Wärme, Vitalität, Erfolg, Würde, Optimismus, Gesundheit, Ruhm, Herrschaft, Brillanz, Spiritualität

Schlechte Platzierung der Sonne bewirkt: Arroganz, übermäßige Dominanz, Egoismus, Neid, Zorn, Irritierbarkeit, Charakterschwäche, Willensschwäche

Spirituelles Sonnen-Yantra

Krankheiten, die eine schlecht platzierte Sonne fördert: Herz- und Kreislaufprobleme, Hautkrankheiten, Probleme mit dem Rücken, Erkältungskrankheiten und fiebrige Erkrankungen

Beispiel für die Anwendung auf den Wohnraum:
In einem Haus, in dem der Osten keine Fenster besitzt, ist der Zustrom der solaren Lebensenergie blockiert und damit die Sonne geschwächt. Hierdurch werden alle Bewohner unter einem Mangel an Lebensenergie zu leiden haben, doch besonders die männlichen Bewohner werden betroffen sein, da der Osten eine männliche Richtung ist. Es wird sich insbesondere bei den Männern im Haus die Neigung zu Herz- und Kreislaufproblemen erhöhen, da eine geschwächte Sonne einen negativen Einfluss auf diese Organe ausübt. Liegt gleichzeitig ein starker Vastu-Defekt im Südwesten vor, wie ein unterirdischer Swimmingpool, so verstärken sich die Vastu-Defekte gegenseitig, sodass die Männer einer bedenklich hohen Gefahr des Herzinfarktes ausgesetzt sind.

Korrekturvorschlag: Ist der Osten fensterlos, so sollte man dort mit Gegenständen arbeiten, die die Energie der Sonne verkörpern. Bilder der aufgehenden Sonne können diesen Zweck ebenso erfüllen wie ein Rubin, der im Osten des Hauses platziert wird. Man kann die Wand zusätzlich mit Sonnenfarben streichen wie Orange und Rot, um die Präsenz der Sonne zu stärken. Die wirkungsvollste Methode besteht jedoch darin, an der Stelle des fehlenden Fensters ein so genanntes Sonnen-Yantra zu platzieren. Dies ist ein farbiges grafisches Symbol, das die feinstoffliche Energie der Sonne repräsentiert.

Die Wirkung eines solchen Yantras beruht auf der Kombination von Symbolen, geometrischen Elementen, Farben und Schriftzeichen. Da die vorliegenden Defekte sich vor allem im feinstofflichen Bereich auswirken, ist es möglich, diesen auch im feinstofflichen Bereich entgegenzuwirken. Hier wird die Energiequalität sehr stark durch die bereits erwähnten Farben usw. beeinflusst. Dieses und die in den folgenden Abschnitten dargestellten Yantras sind so genannte spirituelle Planeten-Yantras. In dem Kapitel über Yantras (Seite 130 ff.) wird der Unterschied zwischen spirituellen Planeten-Yantras und Planeten-Yantras erklärt.

Mond – Herrscher des Nordwestens

Der Mond verkörpert im Universum das weibliche Prinzip und bildet daher das polare Gegenstück zur Sonne. Ist die Sonne das Selbst des Kosmos, so stellt der Mond seinen Geist dar. Liebe und Wille werden durch die Polarität von Mond und Sonne ebenso repräsentiert wie Passivität und Aktivität, Geist und Körper usw. Der Mond beeinflusst vor allem das emotionale und mentale Wohlbefinden und wirkt auch auf die geistigen Fähigkeiten. Ist der Mond gut gestellt, herrschen Beweglichkeit und Flexibilität vor, während ein geschwächter Mond zu launischem Verhalten, Unstetigkeit und Unzuverlässigkeit führen kann.

Beherrschte Aspekte im Haus: Mondfenster, organische Lebensenergie, Bad, Brunnen, Gewässer, Bereiche mit weißen Farben

Lebensbereiche: Emotionales und mentales Wohlbefinden, Gesundheit, Wechsel, Beziehung zur Mutter, Beeinflussbarkeit, Schönheit, Genuss und Luxus, Familienleben, Zuhause, verborgene Dinge, Geheimnisse

Organe: Brust, linkes Auge des Mannes und rechtes Auge der Frau, Speiseröhre, Magen, Gebärmutter, Eierstöcke, Blase, lymphatisches System

Fördert die folgenden Bereiche: Reflektion der Wahrnehmung und Übermittlung von Ideen, Beweglichkeit und Flexibilität, weibliche Eigenschaften, Familienleben, Zuhause

Gute Platzierung des Mondes bewirkt: Liebe für das Zuhause und die Familie, Sensibilität, verleiht die Fähigkeit, Änderungen im Leben herbeizuführen, emotionale Stabilität, Verantwortungsbewusstsein, soziales Verhalten

Schlechte Platzierung des Mondes bewirkt: Unstetigkeit, launisches Verhalten, Unzuverlässigkeit, Wechselhaftigkeit, Wankelmut, übermäßiger Genuss von Alkohol und Essen, schlechte Ausbildung, problematische Familienverhältnisse, emotionale Traumata

Krankheiten, die ein schlecht platzierter Mond fördert: Verdauungsstörungen, Magenbeschwerden, Augenkrankheiten, Geisteskrankheiten, psychosomatische Krankheiten, mentale Instabilität

Beispiel für die Anwendung auf den Wohnraum:
Besitzt ein Haus links von der Eingangstür von innen aus betrachtet keine Fenster, so sind die weiblichen Energien, die durch den Mond repräsentiert werden, geschwächt. Besitzt das Gebäude

Spirituelles Mond-Yantra

außerdem einen Fehlbereich im Nordwesten, so ist der Mond zusätzlich geschwächt. Die Folge könnte sein, dass insbesondere die weiblichen Bewohner des Hauses unter emotionalen Störungen und psychischen Problemen zu leiden haben. Auch Störungen im Verdauungstrakt oder Magenprobleme werden durch eine solche Kombination von Defekten gefördert.

Korrekturvorschlag: Sind die Mond-Aspekte eines Gebäudes auf diese Weise mehrfach geschwächt, so sollte die Energie des Mondes im Haus unterstützt werden. Hierzu ist es sinnvoll, sowohl den Nordwesten des Gebäudes energetisch zu stärken als auch den Norden. Beide Himmelsrichtungen sind eng mit dem Mond und seiner Energie verbunden. Weiße Farben, Pflanzen und Wasser im Norden und Nordwesten stärken dort die Energie des Mondes. Im Norden stärken Spiegel und Wasser den organischen Aspekt der Lebensenergie, die ebenfalls vom Mond beherrscht wird.

Im feinstofflichen Bereich lässt sich auch in diesem Fall die Korrektur mithilfe von Yantras durchführen, die die Energie des Mondes stärken. Ein Mond-Yantra sollte im Nordwesten angebracht werden, um den Fehlbereich auszugleichen. Auch an der Stelle des fehlenden Mondfensters kann das entsprechende Mond-Yantra angebracht werden. Hierdurch werden die feinstofflichen Kräfte des Mondes im Haus gestärkt.

Mars – Herrscher des Südens

Der Planet Mars verkörpert unsere aktiven emotionalen und vitalen Selbstprojektionen in die Außenwelt. Damit repräsentiert er die in der Materie verborgenen Energien, die sich wiederum in der Materie verkörpern wollen. Der negative Aspekt des Mars beinhaltet jedoch auch die chaotischen und zerstörerischen Kräfte. Ebenso wie Sonne und Mond auf einer höheren Ebene die Polarität der Geschlechter verkörpern, so stellen Mars und Venus diese auf der sexuellen Ebene dar. Mars ist hierbei der aktive männliche Pol, der Stärke, Mut und Enthusiasmus darstellt. Ohne seinen Einfluss entwickelt sich kein Interesse, keine Leidenschaft und Entschlossenheit. Der Mars ist der Planet der Tat, der auf ein klares Ziel gerichtet ist.

Beherrschte Aspekte im Haus: Küche, Feuer, Kamin, elektrische Installationen

Lebensbereiche: Brüder, Freunde und Verbündete; Ehrgeiz, mechanische und technische Fähigkeiten, Sexualität, Logik, Wissenschaft, Forschung, harte Arbeit, Gewalt, Organisation

Organe: Kopf, äußere Geschlechtsteile, das linke Ohr, Muskeln, Blut, Gebärmutter, Prostata, Becken

Fördert die folgenden Bereiche: Aktivität, Ehrgeiz, Wünsche, Mut, mechanische Fähigkeiten, Motivation, Entschlossenheit, Intensität

Gute Platzierung des Mars bewirkt: Selbstbewusstsein, Heldenmut, Ausdauer, Stärke, Kampflust, scharfe Intelligenz, organisatorische Fähigkeiten, gute Führungsqualitäten

Schlechte Platzierung des Mars bewirkt: Unbesonnenheit, streitbares Wesen, Ungestüm, Verlust des Gleichmuts, plötzliche Todesfälle, Unfälle, Verlust des Partners, Verletzungen, Feindschaft, Krieg

Krankheiten, die ein schlecht platzierter Mars fördert: Masern, Mumps, Infektionen, Fieber, Erkältungen und Allergien

Beispiel für die Anwendung auf den Wohnraum:
Ist der Süden eines Hauses stark geöffnet, da sich dort beispielsweise ein großes Fenster mit Terrassentür und Terrasse befindet, so ist damit eines der wichtigsten Vastu-Prinzipien für den Süden verletzt. In diesem Fall befindet sich der den Süden beherrschende Mars in einer angegriffenen Position. Liegt gleichzeitig die Küche, die ebenfalls vom Mars beherrscht wird, an einem un-

Spirituelles Mars-Yantra

günstigen Ort wie dem Westen, so wird der Mars weiter geschwächt und mag hierdurch seine bösartige Natur manifestieren. In Abhängigkeit von den sonstigen Vastu-Eigenschaften des Hauses mögen Streit, Gewalttätigkeit und eine erhöhte Anfälligkeit für Infektionen in dem Haus auftreten.

Korrekturvorschlag: Ein zu stark geöffneter Süden ist für die in unseren Breitengraden übliche Bauweise charakteristisch. Wichtig ist in einem solchen Fall, dass dem geöffneten Süden zum Ausgleich ausreichend Fensterflächen im Norden gegenüberstehen. Ist dies nicht der Fall, so sollte der Norden belebt und feinstofflich korrigiert werden.

Im Süden kann man Pflanzen mit schweren Erdtöpfen aufstellen und auch außerhalb des Hauses können schattenspendende Bäume gepflanzt werden. Für den Süden eignet sich die Buche am besten, doch auch andere Bäume können diesen Zweck erfüllen.

Die feinstoffliche Korrektur wird mithilfe von Mars-Yantras durchgeführt, die in den betreffenden Fenstern platziert werden. Hierbei können die Yantras auf eine transparente Folie kopiert werden, sodass die Energie von außen durch sie hindurch in die Wohnung hineinfließt.

Auch in einer fehlplatzierten Küche kann ein Mars-Yantra helfen, die fehlende Feuerenergie zu ergänzen. Das gilt für den Fall, dass sich die Küche im Norden, Westen oder im Südwesten befindet.

In solchen Fällen kann das Yantra in der Mitte des Raumes, an der Decke oder direkt über der Eingangstür der Küche angebracht werden.

Merkur – Herrscher des Nordens

Als Götterbote repräsentiert der Planet Merkur Kommunikation, Bewegung und Intelligenz. Er steht für Klugheit, Redegewandtheit, Reisefreudigkeit, Logik und die Fähigkeit, zu lernen und zu verstehen. Seine Stellung im Horoskop bzw. im Haus eines Menschen weist auf dessen intellektuelle und geistige Entwicklung im Leben hin.

Beherrschte Aspekte im Haus: Gästezimmer, Rezeption, Eingangshalle, alle grünen Bereiche, Safe, Büro, Geschäftsbereiche, Kinderzimmer

Lebensbereiche: Kommunikation, Austausch, Lernen, Lehren, Redegewandtheit, Reisen, Logik, spontane Veränderungen, Geld und Handelswaren, Handel, Kindheit

Organe: Lunge, Nervensystem, Solarplexus

Fördert die folgenden Bereiche: Intelligenz, Redegewandtheit, Kommunikation, Handel, finanzielle Angelegenheiten, Schriftstellerei, Austausch, Beziehungen

Gute Platzierung des Merkurs bewirkt: Fördern der Gemeinsamkeiten unter den Menschen, des Verstands und des Lernens und Lehrens

Schlechte Platzierung des Merkurs bewirkt: Probleme in der Kindheit, Probleme mit den Nerven, Kommunikationsstörungen, Konzentrationsmangel, Ruhelosigkeit, Unschlüssigkeit, Boshaftigkeit, betrügerisches Verhalten, Geschwätzigkeit, exzentrisches Benehmen, Instabilität

Krankheiten, die ein schlecht platzierter Merkur fördert: Nervenbeschwerden, Augenkrankheiten, Halsschmerzen, Anämie, Juckreiz

Beispiel für die Anwendung auf den Wohnraum:

Der Norden eines Hauses ist ein energetisch empfindlicher Bereich, da dort die organische Lebensenergie in das Gebäude einfließt. Besitzt ein Haus dort keine Fenster und ist dort zusätzlich ein Abstellraum platziert, so ist der Norden doppelt negativ belastet, was zu einer Schwächung des Merkurs führt.

Spirituelles Merkur-Yantra

Korrekturvorschlag: Einen unzureichenden wenn nicht sogar fensterlosen Norden findet man heutzutage häufig, da viele Architekten den Norden aus Energiespargründen so geschlossen wie möglich gestalten.

Auf diese Weise spart man zwar Heizkosten, nimmt jedoch gleichzeitig eine starke Schwächung der Lebensenergie und damit gesundheitliche Risiken in Kauf. Ein weiteres Problem in solchen Fällen besteht in der Schwächung des Merkurs. Um diese zu beheben, ist es am besten, ein zusätzliches Fenster im Norden einzubauen. Ist das nicht möglich, kann man die Energien des Merkurs im Norden durch das Verwenden grüner Farben stärken. Sehr wirksam sind auch grüne Pflanzen, die im Norden platziert werden, falls die Lichtverhältnisse dies zulassen. Ansonsten helfen auch Landschaftsbilder, die möglichst viel grüne Natur darstellen sollten.

Auf der feinstofflichen Ebene lässt sich der Merkur durch das Anbringen eines Merkur-Yantras stärken. Ein solches Yantra wirkt wie ein feinstoffliches Fenster.

Einen Abstellraum im Norden sollte man möglichst entrümpeln und anders nutzen.

Auch an nördlichen Wänden von Räumen in Bereichen des Hauses, die nicht im Norden liegen, kann das Merkur-Yantra zur Verbesserung der Energien beitragen, insbesondere, falls in solchen Räumen heilende, finanzielle oder geschäftliche Tätigkeiten ausgeführt werden.

Jupiter – Herrscher des Nordostens

Der Planet Jupiter ist der großmütigste und hilfreichste unter den Planeten. Er repräsentiert alle Bereiche des Lebens, in denen wir wachsen und lernen. Auch die Gnade, die wir im Leben empfangen, wird vom Jupiter verkörpert.

Gleichzeitig repräsentiert er die Ordnung und das Gesetz sowohl im Äußeren als auch im Inneren. Durch seinen Einfluss erreicht uns das Gute im Leben.

Beherrschte Aspekte im Haus: Kinderzimmer, Altarraum, Safe

Lebensbereiche: Lernen und Lehren, Priestertum, Hierarchie, Ordnung und Gesetz, Gnade, Glück

Organe: Hüften, Oberschenkel, Leber, Galle, Blase, Pankreas

Fördert die folgenden Bereiche: Lernen, Lehren, Entwicklung der Kinder, Kreativität, Wachstum, Rechtschaffenheit, Konzentration, Meditation, Urteilsvermögen

Gute Platzierung des Jupiters bewirkt: Rechtschaffenheit, Stetigkeit, Konzentration, Wissen, Glück, Optimismus, Fruchtbarkeit, Wohlwollen, Offenheit, Großzügigkeit, Genialität, Freude, Gesundheit

Schlechte Platzierung des Jupiter bewirkt: Extremismus, Extravaganz, übertriebene Liberalität, Sorglosigkeit, Nachlässigkeit, Schulden, Fanatismus, Fehlurteile

Spirituelles Jupiter-Yantra

Krankheiten, die ein schlecht platzierter Jupiter fördert: Diabetes, Leberprobleme, Hüftschädigungen, Gallensteine, Hautprobleme

Beispiel für die Anwendung auf den Wohnraum:
Der vom Planeten Jupiter beherrschte Nordosten ist einer der empfindlichsten energetischen Bereiche des Gebäudes und des Grundstücks.

Falls sich im Nordosten eine Toilette befindet, ist der Jupiter angegriffen, sodass sich seine negativen Eigenschaften manifestieren können.

Korrekturvorschlag: In einem solchen Fall sollte man die Toilette stilllegen und demontieren. Ist das nicht möglich, so sollte sie zumindest nicht mehr benutzt werden. Ist all dies nicht möglich, so kann man über der Tür der fehlplatzierten Toilette ein Jupiter-Yantra anbringen, um den negativen Einflüssen entgegenzuwirken. Dieser Defekt ist jedoch so schwerwiegend, dass ein vollkommener Ausgleich mit solchen Mitteln kaum zu erreichen ist.

Ist der Nordosten blockiert, fensterlos oder mit hohen Bäumen verstellt, so kann man außer dem Jupiter-Yantra frisches Wasser platzieren, um seine Energien zu stärken. Auch Pflanzen und Landschaftsbilder sind dort hilfreich. Einen eventuellen Fehlbereich im Nordosten kann man mit gelber Farbe streichen, um die geschwächte Jupiterenergie zu stärken, die der Farbe Gelb zugeordnet ist. Man kann den Fehlbereich auch mit Spiegeln umkleiden.

Venus – Herrscherin des Südostens

Die Venus ist als Göttin der Liebe und Schönheit bekannt. Ebenso manifestiert der Planet Venus den weiblichen Aspekt des Lebens, zeigt unseren Sinn für Harmonie, Leidenschaft und Genuss. Auf der niederen Ebene steht die Venus für Sexualität, Reichtum und Schönheit, während sie auf einer höheren Ebene die Hingabe zur Wahrheit verkörpert.

Beherrschte Aspekte im Haus: Wohnzimmer, Schlafzimmer der Erwachsenen, gemütliche Bereiche

Lebensbereiche: Liebe, Schönheit, Komfort, Genuss, Reichtum, die Geliebte des Mannes

Organe: Augen, Fortpflanzungsorgane, Haut, Hals, Kinn, Wangen, Nieren

Fördert die folgenden Bereiche: Harmonie, Kunst, Wünsche, Sexualität, Fröhlichkeit, Aussehen, Großzügigkeit

Gute Platzierung der Venus bewirkt: Freundlichkeit, Güte, eine gute Heirat, eine angenehme Persönlichkeit, Aufmerksamkeit, Großzügigkeit, eine künstlerische Natur, Popularität

Schlechte Platzierung der Venus bewirkt: Trägheit, Faulheit, Extravaganz, exzentrisches Verhalten, Mangel an emotionaler Kontrolle

Krankheiten, die eine schlecht platzierte Venus fördert: Augeninfektionen, Probleme mit den Eierstöcken, Hautkrankheiten, Schwellungen, Anämien

Beispiel für die Anwendung auf den Wohnraum:
Die Vastu-Eigenschaften des Südostens beeinflussen die Stellung der Venus innerhalb des Hauses. Befindet sich beispielsweise das Schlafzimmer im Südosten, das ebenfalls von der Venus beherrscht wird, so ist ihre Stellung in zweifacher Hinsicht geschwächt, da die Venus sowohl das Schlafzimmer als auch den Südosten beherrscht. Besitzt das Haus zusätzlich einen schwerwiegenden Defekt wie eine Toilette im Nordosten, so liegt eine Kombination von Vastu-Defekten vor. Ein Vastu-Defekt im Nordosten erhöht in Verbindung mit anderen schwerwiegenden Defekten die Neigung, an Krebs zu erkranken, da der den Nordosten beherrschende Jupiter das Wachstum von Tumoren

Spirituelles Venus-Yantra

fördert, wenn er angegriffen ist. Welche Organe vom erhöhten Krebsrisiko betroffen sind, hängt davon ab, welcher Planet von den anderen Defekten betroffen ist. Ist dies die Venus wie in unserem Beispiel, so besteht bei Frauen eine erhöhte Tendenz zu Brustkrebs oder Krebserkrankungen der weiblichen Fortpflanzungsorgane.

Korrekturvorschlag: Die beste Lösung besteht wiederum darin, die Toilette im Nordosten stillzulegen und den Schlafplatz aus dem Südosten in einen anderen Bereich des Hauses zu verlegen. Für den Fall, dass sich die erwähnten Krankheiten bereits manifestiert haben, ist dieser Schritt unbedingt zu empfehlen. Eine gewisse Abhilfe leistet auch ein Venus-Yantra, das unter dem Schlafplatz angebracht wird.

Befindet sich in einem Haus die Küche im Süden, so fehlt ihr der für die Nahrung wichtige weibliche Einfluss der Venus-Energie. Da die vom Mars beherrschte Küche sich in diesem Fall in dem ebenfalls vom Mars beherrschten Süden befindet, findet eine Quadrierung der Mars-Energie statt, was dazu führt, dass die weibliche Energie zu schwach repräsentiert ist. Daher sollte sich die Küche am besten im Südosten des Hauses befinden, weil sich dort die Mars- und Venus-Energien harmonisch ergänzen. Auch im Nordwesten liegt die Küche gut, da dort ihre Mars-Energie von der weiblichen Kraft des Mondes vervollständigt wird, die der der Venus sehr ähnlich ist.

Befindet sich die Küche jedoch im von der männlichen Mars-Energie geprägten Süden, so sollte dort ein Venus- oder Mond-Yantra zum Ausgleich aufgehängt werden.

Dieses sollte idealerweise entweder im Zentrum der Küche unter der Decke oder über dem Eingang im Inneren der Küche platziert werden.

Saturn – Herrscher des Westens

Der Saturn gilt unter den Hauptplaneten als der bösartigste, wenn er seinen negativen Aspekt manifestiert, während sein positiver Aspekt gerade im spirituellen Leben von großer Bedeutung ist. Er verleiht Disziplin, Entsagung und fördert Einsamkeit und Asketentum. Seine Schattenseiten verkörpern Tod, Krankheit, Armut, Trennung und Perversion. Seine Wirkung ist überall dort spürbar, wo Dinge degenerieren, zerstört werden oder ihre Kraft verlieren. Er konfrontiert den Menschen mit vielem Leid und Pessimismus.

Mit diesen Eigenschaften ausgestattet verkörpert der Saturn insbesondere die Zeit, die letztlich alle geschaffenen Dinge auflöst und ihrem natürlichen Ende oder Tod näher bringt. Ein starker Saturn ist die Grundlage für alles, was in dieser Welt von Dauer sein soll. Ein geschwächter Saturn führt in vielen Bereichen zu Verzögerungen.

Beherrschte Aspekte im Haus: Esszimmer, Speisekammer, Abstellraum, Müll

Lebensbereiche: Alter, Tod, Krankheit, Trennung, Leid, Degeneration, Selbsterhaltung, Schutz, Disziplin, Einsamkeit, Entsagung, Unabhängigkeit, Dauerhaftigkeit, Forschung, Immobilien

Organe: Knochen, Zähne, Haare, Ohren

Fördert die folgenden Bereiche: Streben nach Selbsterhaltung und Schutz, Disziplin, Vergänglichkeit, Handel mit Immobilien, Baufirmen, Wissenschaft

Gute Platzierung des Saturns bewirkt: Dauerhaftigkeit, Disziplin, Entsagung, Unabhängigkeit, Grenzüberschreitung

Schlechte Platzierung des Saturns bewirkt: Tod, Krankheit, degenerative Prozesse, Faulheit, Sturheit, Lethargie, Verzögerungen, Depressionen

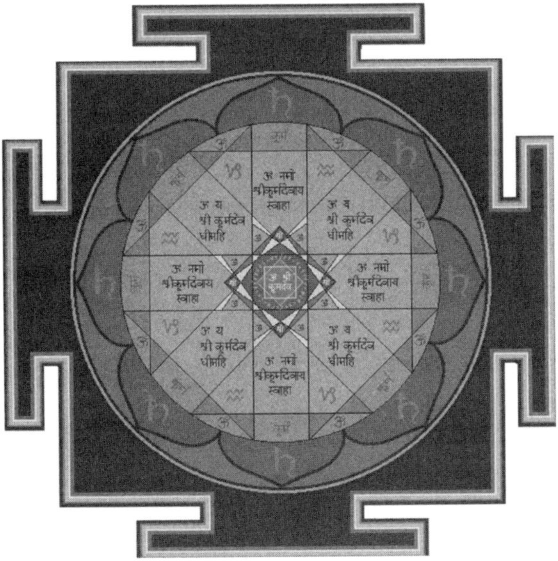

Spirituelles Saturn-Yantra

Krankheiten, die ein schlecht platzierter Saturn fördert: Arthritis, Arthrose, Rheuma, Gallensteine, schwache Knie, schwache Knochen und Zähne, Ohrenkrankheiten, Taubheit, Blindheit

Beispiel für die Anwendung auf den Wohnraum:
Ein anschauliches Beispiel für die Wirkung des Saturns im Haus ist die Wirkung auf Partnerschaften. Befindet sich in einem Haus beispielsweise die Küche wie vom Vastu vorgeschrieben im Südosten und das Schlafzimmer des Ehepaares im Südwesten, wobei zwischen diesen beiden Räumen ein Abstellraum liegt, so steht der den Abstellraum beherrschende Saturn zwischen Venus (Schlafzimmer) und Mars (Küche). Drängt sich der Saturn zwischen diese beiden das Ehepaar oder ein Liebespaar repräsentierenden Planeten, so droht diesen die Trennung oder Scheidung.

Korrekturvorschlag: In einem solchen Fall ist es dringend angeraten, entweder den Abstellraum umzufunktionieren oder einen anderen Platz zum Schlafen zu suchen. Ist dies nicht möglich, so kann im Schlafzimmer an der Wand zum Abstellraum ein Saturn-Yantra aufgehängt werden, das Saturns negativen Einfluss ins Positive umkehrt.

Auch ein zu stark geöffneter Westen mit einer großen Terrasse schwächt den Saturn bzw. mag dazu führen, dass dieser seine negative Seite manifestiert. In diesem Fall ist es ebenfalls ratsam, in dem betroffenen Fenster ein transparentes Saturn-Yantra aufzuhängen. Auch hier können schützende Bäume oder große Pflanzen im Inneren des Hauses vor dem Fenster Abhilfe schaffen.

Rahu – Herrscher des Südwestens

Rahu ist in der westlichen Astronomie und Astrologie nicht als Planet bekannt, sondern als der nördliche Mondknoten, das heißt der Schnittpunkt zwischen der Ekliptik und der Bahn des Mondes. Nach vedischem Verständnis ist Rahu ein feinstofflicher Planet mit einem deutlich spürbaren Einfluss auf das Leben der

Menschen. Rahu befindet sich immer auf der entgegengesetzten Seite von Ketu, dem südlichen Mondknoten. Daher beherrschen Rahu und Ketu die beiden auf der Diagonalen einander gegenüberliegenden Richtungen Nordosten (Ketu) und Südwesten (Rahu).

Rahu gilt unter den neun Planeten als der bösartigste, wobei sich sein Einfluss jedoch eher auf der psychischen Ebene bemerkbar macht. Er ist in vielerlei Hinsicht dem Saturn ähnlich, wirkt jedoch auf einer feinstofflicheren Ebene als dieser. Als feinstoffliche Planeten nehmen Rahu und Ketu die Eigenschaften der Planeten an, mit denen sie kombiniert sind.

Beherrschte Aspekte im Haus: Haupteingang, große und dunkle Räume

Lebensbereiche: Verrücktheit, Neurosen, Besessenheit, Macht, Position

Organe: nicht spezifiziert

Fördert die folgenden Bereiche: Macht, Ruhm, Erfüllung von Wünschen, Nutzung von Massentrends

Gute Platzierung des Rahu bewirkt: Harmonie mit dem kollektiven Trend, Prestige, Popularität, Ruhm, Macht

Schlechte Platzierung des Rahu bewirkt: Verrücktheit, Neurosen, Besessenheit, psychische Probleme, Unzufriedenheit, Unehrlichkeit

Krankheiten, die ein schlecht platzierter Rahu fördert: Probleme mit dem zentralen Nervensystem, psychische Erkrankungen

Beispiel für die Anwendung auf den Wohnraum:

Rahu beherrscht den Haupteingang. Ist die Diele sehr groß und dunkel, so wird der Rahu-Einfluss im Eingangsbereich verstärkt, wodurch sich negative Einflüsse des Rahu manifestieren können.

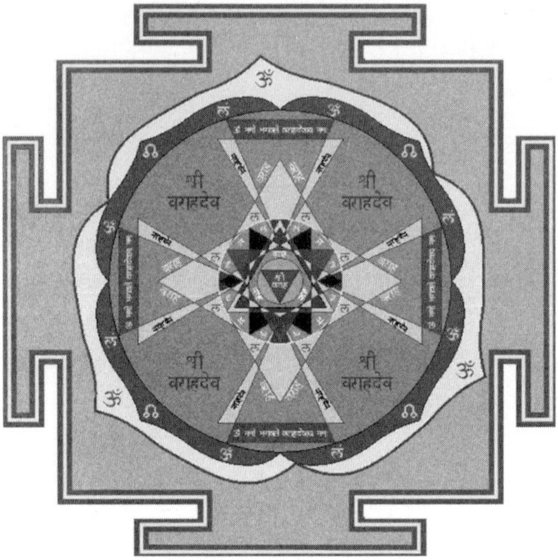

Spirituelles Rahu-Yantra

In diesem Fall sollte man den Eingangsbereich erhellen und so viel Licht hineinbringen wie möglich.

Rahu ist ebenfalls betroffen, wenn Vastu-Defekte im Südwesten auftreten. Aufgrund der bösartigen Natur des Rahu können sich solche Defekte existenziell bedrohlich auswirken.

Besitzt ein Haus beispielsweise eine Erweiterung, einen Anbau oder einen Wintergarten im Südwesten, so ist ein negativer Einfluss des Rahu vorhanden.

Korrekturvorschlag: Bei solchen Defekten im Südwesten sollte man versuchen, diesen möglich zu beschweren. Auf der feinstofflichen Ebene ist es möglichst, dem Defekt mithilfe eines Rahu-Yantras entgegenzuwirken.

Ketu – Herrscher im Nordosten

Ketu entspricht in der westlichen Astrologie dem südlichen Mondknoten. Er beherrscht zusammen mit dem Jupiter den

Nordosten, wobei er dort im Vergleich zum Jupiter eine untergeordnete Rolle spielt. Während Rahu die Anfälligkeit des Individuums gegenüber dem Einfluss der Masse zeigt, weist Ketu darauf hin, wie sich das Individuum in seinen eigenen beengten Kreisen dreht und sich selbst isoliert.

Beherrschte Aspekte im Haus: Ausgang, Hintereingang, Bad, lange Gänge, lange Räume, Risse in Mauern

Lebensbereiche: Heilung, Isolation, Spiritualität

Organe: nicht spezifiziert

Fördert die folgenden Bereiche: Konzentration, Wahrnehmung, Unabhängigkeit, Befreiung, spirituelle Heilung

Gute Platzierung des Ketu bewirkt: machtvolle Wahrnehmung, Unabhängigkeit, Interesse an Spiritualität, Befähigung zum spirituellen Heiler

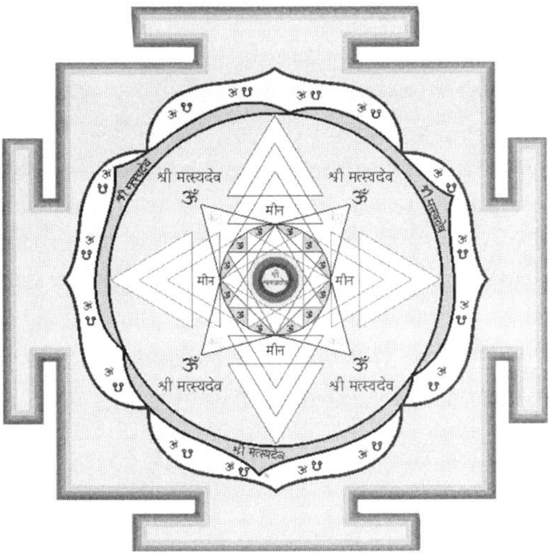

Spirituelles Ketu-Yantra

Schlechte Platzierung des Ketu bewirkt: mangelndes Selbstvertrauen, absolutes Chaos

Krankheiten, die ein schlecht platzierter Ketu fördert: nicht weiter spezifiziert

Beispiel für die Anwendung auf den Wohnraum:
Vastu-Defekte im Nordosten betreffen neben dem Jupiter auch Ketu. Daher kann ein vernachlässigter oder blockierter Nordosten zu den Wirkungen eines geschwächten Ketu wie Depressionen, Isolation, mangelndem Selbstvertrauen und Chaos führen.

Korrekturvorschlag: Gerade um diese Auswirkungen zu vermeiden, sollte der Nordosten immer sauber, ordentlich, leicht und offen gestaltet werden. Neben den bereits erwähnten Korrekturmitteln kann hierbei auf der feinstofflichen Ebene mit dem Ketu-Yantra gearbeitet werden.

Das Zusammenwirken von Planeten im Haus

Ebenso wie in der Astrologie von Geburtshoroskopen das Zusammenwirken und die räumliche Stellung der Planeten zueinander berücksichtigt wird, lassen sich auch aus der relativen Lage der einzelnen planetaren Aspekte zueinander innerhalb des Hauses wichtige Schlussfolgerungen für das Wohlergehen der Bewohner ziehen. Hierbei ist es wichtig zu wissen, in welchem Verhältnis die Planeten zueinander stehen. Dies kann man der folgenden Tabelle entnehmen:

Planet	Freunde	Neutrale	Feinde
Sonne	Mond, Mars, Jupiter	Merkur	Saturn, Venus
Mond	Sonne, Merkur, Venus, Saturn	Mars, Jupiter	
Mars	Sonne, Mond, Jupiter	Venus, Saturn, Merkur	

Planet	**Freunde**	**Neutrale**	**Feinde**
Merkur	Sonne, Venus	Mars, Jupiter, Saturn	Mond
Jupiter	Sonne, Mond, Mars	Saturn	Merkur, Venus
Venus	Merkur, Saturn	Mars, Jupiter	Sonne, Mond
Saturn	Merkur, Venus	Jupiter	Sonne, Mond, Mars
Rahu, Ketu	Merkur, Venus, Saturn	Mars	Sonne, Mond, Jupiter

Die Tabelle besagt beispielsweise, dass der Mond der Feind der Venus ist. Dies bedeutet, dass man mit der Kombination zweier Wohnraumaspekte, die von Mond und Venus beherrscht werden, sehr vorsichtig sein sollte. Beispielsweise ist es nicht günstig, ein Bad, das vom Mond beherrscht wird, direkt mit einer Tür mit dem Wohnzimmer (Venus) zu verbinden. In einem solchen Fall würde das Bad (Mond) das Wohnzimmer (Venus) angreifen, sodass die Venus geschwächt wird. Der Mondaspekt wird jedoch nicht geschwächt, da die Venus ein Freund des Mondes ist. Dieser Unterschied in den wechselseitigen Beziehungen der Planeten muss berücksichtigt werden, um herauszufinden, welcher Lebensbereich durch negative Auswirkungen betroffen ist.

In diesem Fall ist im Wohnzimmer der Venusaspekt, der Komfort, Behaglichkeit und Luxus betrifft, durch das benachbarte Bad geschwächt, während der Mondaspekt, der für die emotionale und mentale Ausgeglichenheit steht, nicht beeinträchtigt wird. Weitere Beispiele sollen dieses Prinzip verdeutlichen:

Bad hinter Sonnenfenster

Da Sonne und Mond beiderseitig Freunde sind, ist es von Vorteil sowohl für die Karriere (Sonne) und soziale Position (Sonne) als auch für die emotionale Befindlichkeit (Mond), als auch für die Gesundheit der Bewohner (Sonne und Mond), wenn sich hinter dem Sonnenfenster (Sonne) ein Bad (Mond) befindet.

Küche hinter Mondfenster

Anders verhält es sich hingegen mit einer Küche, die sich hinter einem Mondfenster auf der linken Seite des Haupteingangs (von innen betrachtet) befindet. Da der Mars ein Feind des Mondes ist, greift die Küche (Mars) hinter dem Mondfenster (Mond) den Mond an, was bei den Frauen (Mondfenster) zu mentalen und emotionalen Störungen (Mond) führen kann. Für Männer ist eine solche Platzierung nicht so problematisch, da der Mond ein Freund des Mars (männliche Bewohner) ist; Männer sind daher keinen negativen Einflüssen ausgesetzt.

Küche hinter Sonnenfenster

Liegt die Küche rechts vom Haupteingang in der Frontseite des Hauses, so steht sie (Mars) unter dem Einfluss der Sonne. Da Mars und Sonne einander beiderseitig freundlich gesonnen sind, ist eine solche Platzierung sowohl für die Mars- als auch für die Sonnenaspekte des Lebens der Bewohner förderlich.

Büro hinter Sonnenfenster

Ein Büro, eine Rezeption oder ein Bereich, in dem sich Gäste aufhalten, steht unter der Herrschaft des Merkurs, dem die Sonne freundlich gesonnen ist. Daher liegen solche Räumlichkeiten hinter einem Sonnenfenster günstig, sodass dadurch die geschäftlichen Angelegenheiten gefördert werden. Der Merkur ist der Sonne hingegen neutral gesonnen, was sich ebenfalls neutral auf die von der Sonne verkörperten Lebensbereiche wie Gesundheit und Karriere auswirkt.

Büro hinter Mondfenster

Ein negativer Einfluss auf die Geschäfte und die finanzielle Entwicklung (Merkur) ist hingegen zu erwarten, wenn sich ein solcher Geschäftsraum hinter einem Mondfenster auf der linken Seite des Haupteingangs befindet. In diesem Fall ist der Mond dem Merkur feindlich gesonnen, sodass die Merkuraspekte zu leiden haben (finanzielle Entwicklung, Handel, Lunge usw.), während der Merkur dem Mond freundlich gesonnen ist. Daher sind keine negativen Auswirkungen im Bereich des emotionalen und mentalen Wohlbefindens der Bewohner zu erwarten.

Um den negativen Auswirkungen entgegenzuwirken, kann man in dem betroffenen Fenster ein Merkur-Yantra anbringen.

Wasser im Schlafzimmer

Ist direkt im Schlafzimmer ein Waschbecken installiert, so kommt es zu der ungünstigen Kombination von Venus und Mond. Da der Mond der Venus feindlich gesonnen ist, werden hiervon die Bereiche der Gemütlichkeit, der Beziehung zwischen Mann und Frau und der weiblichen Energien ungünstig beeinflusst, während die Venus dem Mond freundlich gesonnen ist, sodass im Bereich des Mondes (emotionale und mentale Befindlichkeit usw.) keine Schwierigkeiten zu erwarten sind.

Um den Defekt der geschwächten Venus auszugleichen, wäre es empfehlenswert, ein Venus-Yantra oberhalb des Waschbeckens aufzuhängen.

Getreide in der Küche

Getreide wird vom Saturn beherrscht, während die Küche dem Mars untersteht. Lagert man größere Mengen Getreide in der Küche, gerät der Saturn unter den Einfluss des Mars, der ihm feindlich gesonnen ist. Dadurch können Probleme in den vom Saturn bestimmten Lebensbereichen auftreten. Depressionen, Verzögerungen und degenerative Prozesse werden hierdurch begünstigt. Da Saturn dem Mars hingegen neutral gesonnen ist, werden Marsaspekte nicht in Mitleidenschaft gezogen. Als Korrekturmaßnahme ist daher zu empfehlen, Getreide und andere Nahrungsmittel außerhalb der Küche in einem gesonderten Raum für Lebensmittel zu lagern.

Im Schlafzimmer wäre es wiederum günstig, Getreide zu lagern, da Venus und Saturn miteinander wechselseitig befreundet sind. Aus diesem Grunde sind Dinkelkopfkissen im Schlafzimmer sehr zu empfehlen.

Brunnen oder Teich vor einem Sonnenfenster

Durch einen Teich oder einen Brunnen (Mond) vor einem Sonnenfenster rechts vom Haupteingang kommt es zu einer wechselseitigen Beeinflussung von Mond und Sonne. Diese beiden Planeten sind einander zwar freundlich gesonnen, doch werden die Sonnenbewohner des Hauses (die männlichen Bewohner) hierbei durch die Energie des Mondes (Reisen, Bewegung, Wechselhaftigkeit) auf solche Weise beeinflusst, dass sie viel auf Reisen sein werden und ihr Glück nur weit entfernt von zu Hause finden.

Esszimmer oder Speisekammer hinter dem ersten Sonnenfenster

Saturn und Sonne haben ein gespanntes Verhältnis zueinander. Daher ist es ungünstig, wenn ein Esszimmer oder eine Speisekammer (beide Saturn) direkt hinter einem Sonnenfenster liegen. In einem solchen Fall könnten die männlichen Bewohner des Hauses negativen Saturneinflüssen ausgesetzt sein. Um solchen Einflüssen entgegenzuwirken, kann man in dem Fenster ein Saturn-Yantra anbringen.

Schlafzimmer hinter dem ersten Sonnenfenster

Mit Problemen ist auch zu rechnen, wenn das Schlafzimmer der Eltern hinter dem ersten Sonnenfenster liegt. In diesem Fall greift die Sonne die Venus (Schlafzimmer) an, was zu Geburtsproblemen führen kann oder die Gesundheit der Frauen negativ beeinflussen könnte. Falls man das Schlafzimmer nicht verlegen kann, ist es hilfreich, in dem betreffenden Fenster ein Venus-Yantra zu platzieren.

Geld im Schlafzimmer

Der Reichtum wird gefördert, falls Geld oder Wertgegenstände im Schlafzimmer aufbewahrt werden. Das Schlafzimmer wird von der Venus beherrscht und Geld vom Merkur. Da diese beiden Freunde sind, ist mit positiven Einflüssen sowohl in den Lebensbereichen der Venus als auch des Merkurs zu rechnen.

Korrektur der energetischen Schwächen

Ebenso wichtig wie das Erkennen der Defekte und Schwächen eines Wohnraumes oder Gebäudes ist das Wissen, wie diese Schwächen ausgeglichen werden können. Hierbei gibt es prinzipiell zwei Möglichkeiten:

Geringere Defekte oder Schwächen können ausgeglichen werden, indem andere Stärken des Wohnraumes betont und gestärkt werden. Dadurch kann in einigen Fällen das verloren gegangene Gleichgewicht wieder hergestellt werden. Die folgenden Beispiele mögen diese Methode illustrieren:

Ein Haus oder eine Villa mag im Süden ein großflächiges Fenster mit einer offenen Veranda besitzen, was nach Vastu als eine Schwäche gilt, da der Süden möglichst geschlossen gehalten werden sollte, um den Einfluss negativer Energien aus dieser Richtung zu vermeiden.

Auf der anderen Seite streben die Menschen in unseren Breitengraden danach, möglichst viel Sonne in den Wohnraum zu lassen. Um diesen Zweck zu erfüllen und der dadurch entstandenen energetischen Schwäche entgegenzuwirken, kann man in der gegenüberliegenden Richtung, dem Norden, einen Ausgleich schaffen, indem man dessen Stärke betont. Hierzu sollte der Norden ebenfalls mit einem großen Fenster ausgestattet werden und möglichst leicht und offen gestaltet werden. Weiterhin sollte er für einen hochwertigen Zweck verwendet werden, sodass die wichtigen Energien des Nordens optimal genutzt und unterstützt werden. Diese Lösung ist realistischer als die Alternative, den Süden zu schließen.

Diesem Korrekturvorschlag liegt das allgemeine Prinzip zugrunde, dass einander auf einer Achse oder Diagonalen gegenüberliegende Himmelsrichtungen energetisch miteinander verbunden sind.

Vastu-Eigenschaften in solchen verbundenen Richtungen können einander verstärken bzw. ausgleichen, je nachdem, ob sie gleiche oder umgekehrte Vorzeichen haben. Als besonders schwerwiegend und gewichtig wirkt sich ein Vastu-Defekt oder eine Schwäche aus, wenn auf der gegenüberliegenden Seite ein weiterer Defekt besteht. In diesem Fall spricht man von einem Diagonaldefekt.

Dieses Prinzip sollte generell im ganzen Haus und auf dem Grundstück angewandt werden. Wo immer es möglich ist, sollten die starken Vastu-Eigenschaften gefördert werden. Je mehr solche positiven Aspekte ein Haus besitzt, desto weniger können sich Schwächen oder selbst schwerwiegende Defekte auswirken, ebenso wie ein starkes Immunsystem mit einer Vielzahl von Krankheitserregern fertig wird. Ist das Immunsystem jedoch bereits durch andere Krankheiten geschwächt, so kann es bei der geringsten Herausforderung durch Bakterien oder Viren zusammenbrechen.

Die zweite Möglichkeit, mit Schwächen und Defekten umzugehen, ist, sie grundlegend zu beseitigen oder mithilfe von Korrekturwerkzeugen auszugleichen. Hierfür bietet Vastu Korrekturmittel auf verschiedenen Ebenen an. Die hier gewählte Reihenfolge der Ebenen ist bewusst gewählt. Die Korrekturmittel werden in der gleichen Reihenfolge aufgeführt, in der sie angewendet werden sollten. Ansonsten besteht die Tendenz, die Korrekturen, die schwerer durchzuführen sind, zu überspringen und sich einfach auf die Korrektur mit Yantras oder vergleichbaren feinstofflichen Hilfsmitteln zu verlassen.

Zwar ist es richtig, dass Yantras, Vastu-Pyramiden und ähnliche Werkzeuge sehr wirkungsvoll für die Korrektur feinstofflicher Defekte sind, doch würden sie ihren Zweck völlig verfehlen, wenn man ihretwegen die Möglichkeiten außer Acht ließe, seinen

Wohnraum auch auf der physischen Ebene nach Vastu zu gestalten. Eine solche Vorgehensweise würde nicht den gewünschten Effekt haben, da Vastu letztlich kein mechanisches System ist, sondern von der bewussten Auseinandersetzung der Bewohner mit ihrem Wohnraum und seinen Qualitäten abhängig ist. Erst, wenn man auf den physischen Ebenen alle vertretbaren Mittel ausgeschöpft hat, sollte man die noch bestehenden Defekte mit feinstofflichen Korrekturmitteln ausgleichen. Eine solche ganzheitliche Vorgehensweise hat die größten Aussichten auf Erfolg.

Die Ebenen der Vastu-Korrektur

1. Bauliche Maßnahmen

Grobe Vastu-Defekte wie eine Toilette im Nordosten oder ein völlig fensterloser Norden sollten auf der physischen Ebene korrigiert werden. Erst wenn eine solche Korrektur aus baulichen oder finanziellen Gründen nicht möglich ist, sollte man zur nächsten Ebene voranschreiten. Hier folgt eine Liste von Beispielen solcher Korrekturen:

~ Ein unregelmäßiges Grundstück sollte durch Abtrennung der unregelmäßigen Bereiche in eine regelmäßige, möglichst rechteckige Form gebracht werden. Diese Abtrennung kann durch Verkauf, das Ziehen einer Mauer oder einer Hecke erfolgen. Auf jeden Fall sollten die abgetrennten Bereiche anders genutzt werden als das Hauptgrundstück.
~ Ein Fehlbereich im Südwesten eines Gebäudes sollte durch einen Anbau in dieser Richtung ergänzt werden, um die Stabilität des Energiefeldes zu gewährleisten. Falls dieser Anbau nicht in Form eines soliden Gebäudes erfolgen kann, kann auch eine überdachte Terrasse einen ähnlichen Zweck erfüllen.
~ Im Falle eines ungünstig platzierten Haupteingangs im Süden mag es notwendig sein, diesen zu schließen und in den Osten oder Norden zu verlegen. Die Erfahrung hat gezeigt, dass solch

gravierende Maßnahmen sich im Allgemeinen so positiv auswirken, dass die entstehenden Kosten und Mühen gerechtfertigt sind.

~ Ein Teich im südwestlichen Teil des Gartens verstärkt dort die negativen Energien, sodass die Bewohner des Hauses mit existenziellen Problemen konfrontiert werden können. In einem solchen Fall ist es notwendig, den Teich zu entfernen und zuzuschütten. Am besten wird im Südwesten stattdessen ein Steingarten angelegt, ein erhöhter Garten geschaffen oder ein kleines Nebengebäude errichtet.

~ Ein großer Baum im Nordosten des Grundstücks blockiert die einfließenden Energien des Nordostens, sodass das gesamte Gebäude energetisch unterversorgt sein kann. Sind solche Symptome bereits sichtbar, ist es empfehlenswert den Baum zu fällen. Bevor man ihn fällt, sollte man sich bei dem Baum hierfür entschuldigen, ihm die Gründe darlegen und ihm versprechen, an einer anderen Stelle einen ähnlichen Baum zu pflanzen.

2. Verhaltensänderungen

Es gibt Vastu-Defekte oder Schwächen, die einfach dadurch behoben oder ausgeglichen werden können, dass die Bewohner des Hauses Änderungen in ihren Lebensgewohnheiten vornehmen. Beispielsweise mag ein Haus zwei Eingänge besitzen. Der eine ist im Süden und der zweite im Osten. Wird der Eingang im Süden von den Bewohnern des Hauses hauptsächlich genutzt, so besteht darin ein recht schwerwiegender Vastu-Defekt. Ändern die Hausbewohner jedoch ihr Verhalten und benutzen in Zukunft hauptsächlich den Eingang im Osten, sodass die Tür im Süden permanent geschlossen werden kann, so ist dieser Defekt damit teilweise behoben. Durch die Bewegungen, die die Menschen innerhalb eines Hauses tagtäglich ausführen, werden energetische Bahnen festgelegt, die bei der Vastu-Beurteilung von Bedeutung sind.

Ebenso können sich die Bewohner eines Hauses dazu entschließen, eine im Nordosten fehlplatzierte Toilette einfach nicht mehr zu benutzen und sie auf diese Weise überflüssig und energetisch unwirksam zu machen. Auch auf diese Weise kann dieser schwerwiegende Vastu-Defekt behoben werden.

Ein anderes Beispiel ist ein energetisch blockierter Nordwesten, dem die Qualität des Luftelements fehlt, das sich hauptsächlich in Bewegung ausdrückt. Diese energetische Schwäche kann ausgeglichen werden, indem man dort regelmäßig physische Übungen, Yoga oder Atemübungen praktiziert.

Auch mag der Nordosten eines Hauses durch Lärm, Unruhe oder Stress, den Bewohner oder Nutzer dieses Bereiches dort erzeugen, geschwächt werden, sodass eine energetische Belastung des gesamten Energiefeldes des Hauses gegeben ist. In einem solchen Fall sollte man darauf achten, dass stressige, laute und unruhige Tätigkeiten aus dem Nordosten in andere Bereiche des Hauses verlagert werden bzw. ganz verschwinden. Das wird sich positiv auf die Atmosphäre im ganzen Gebäude auswirken.

In einem Haus mag es beispielsweise üblich sein, dass die Bewohner ihren Müll oder ihre schmutzigen Schuhe im Osten abstellen. Hierdurch würde die Qualität der solaren Lebensenergie im Osten in Mitleidenschaft gezogen. Dieser Defekt kann jedoch ebenfalls durch eine einfache Änderung dieser Verhaltensweise behoben werden.

3. Tausch oder Veränderung von Raumfunktionen

Einer der wichtigsten Aspekte des Vastu besteht in der richtigen Zuordnung der einzelnen Raumfunktionen zu den Himmelsrichtungen. Daher lautet die erste Frage bei einer Vastu-Beurteilung häufig, ob sich die einzelnen Räume am richtigen Platz befinden, oder ob man durch Tausch einzelner Raumfunktionen eine energetische Verbesserung erreichen kann. Dieses ist sehr häufig der Fall, insbesondere, wenn es sich um Arbeitszimmer, Schlafzimmer, Kinderzimmer und Wohnräume handelt, die sich relativ leicht umfunktionieren lassen. Schwieriger ist ein solches Verfahren mit Küchen, Bädern und anderen Räumen, in denen eine Vielzahl elektrischer und sanitärer Installationen notwendig sind.

Die folgende Checkliste zeigt auf einen Blick, welche Raumplatzierungen auf jeden Fall getauscht werden sollten. Die Tabelle listet für jede Richtung auf, was sich dort unter keinen Umständen befinden sollte und wohin diese Räume verlegt werden können. Die günstigen Himmelsrichtungen sind hierbei fett gedruckt, während die normal gedruckten Richtungen in der dritten Spalte zumindest nicht schädlich sind.

Checkliste für Raumtausch

Raum	Verbotene Richtungen	Erlaubte Richtungen
Abstellraum	**Osten; Nordosten;** Norden	**Südwesten; Süden; Westen;** Nordwesten; Südosten
Schlafzimmer der Eltern	Nordosten; Südosten	**Südwesten; Süden;** Westen; Nordwesten; Norden
Kinderzimmer	Südwesten; Südosten	**Westen; Süden; Osten;** Nordwesten; Norden; Nordosten;
Küche	Südwesten	Südosten; Nordwesten; Osten; Süden
Wohnzimmer		**Nordosten; Osten; Norden; Westen;** Nordwesten; Südosten; Süden; Südwesten
Toilette	**Nordosten;** Osten; Norden; Südwesten	**Westen; Süden;** Südosten; Nordwesten

Raum	Verbotene Richtungen	Erlaubte Richtungen
Bad ohne Toilette	Südosten; Südwesten; Nordosten	**Osten;** Norden; Nordwesten; Westen; Süden
Speisekammer	Südwesten; Südosten	**Westen; Nordwesten;** Norden
Büro	Süden	**Nordwesten; Norden; Nordosten; Osten; Westen;** Südwesten; Südosten

4. Korrektur der Einrichtung

Wenn die Lage der Räume innerhalb des Gebäudes nach Vastu optimiert ist, kann man sich um das Innere der Räume selbst kümmern. In vielen Fällen ist es möglich, durch das Umstellen des Mobiliars die energetische Qualität des Biofeldes des Raumes zu verbessern.

In anderen Fällen ist es notwendig, auf das eine oder andere Möbelstück zu verzichten, insbesondere wenn es sich um sperrige Schränke oder Sitzgarnituren handelt. Dies fällt einem zwar häufig schwer, weil man sich an Möbel ebenso gewöhnen kann wie an Menschen, es ist jedoch in vielen Fällen notwendig, um die Energien wieder in Bewegung zu bringen. Die folgende Übersicht führt die wichtigsten Maßnahmen beim Möbelrücken auf:

Wohnzimmer

~ Schrankwände im Norden oder Osten sollten in den Westen oder Süden gerückt werden. Häufig ist der Norden jedoch die einzige fensterlose Wand, an die ein Wohnzimmerschrank gestellt werden kann. Da dieser dort die energetische Gesamtsituation jedoch stark negativ beeinflusst, sollte man sich von solchen Stücken lieber trennen, als sie mangels Alternative im Norden zu belassen. Hierdurch wird der Zufluss organischer Lebensenergie aus dem Norden belebt.

- Fernsehgeräte oder Stereoanlagen sollten aus dem Nordosten, Norden, Westen und Osten in den Südosten oder Süden verlegt werden, damit sie mit ihren elektrischen Feldern nicht die Himmelsrichtungen leichter hochwertiger Energien belasten.
- Schwere Sitzgarnituren sollten, falls sie in der nordöstlichen Ecke, im Norden oder im Osten stehen, ebenfalls in Richtung Süden, Südwesten oder Westen verschoben werden. Im Nordosten bietet es sich an, ein Sitzarrangement aus leichten Stühlen und einem kleinen Tisch einzurichten. Schwere Couchgarnituren sollten nicht direkt an nördlichen oder östlichen Wänden stehen, sondern einigen Abstand davon haben.
- Aquarien, Zierbrunnen oder andere Wasserspiele sollten, falls sie im Süden, Südwesten oder Südosten stehen, in den Osten, Nordosten oder Norden verlegt werden, wo sie die positiven Energien dieser Richtungen unterstützen.
- Der Esstisch sollte, falls er im Südwesten, Südosten, im Nordosten oder im Zentrum des Wohnzimmers steht, in den Süden, Westen oder Osten verschoben werden. Diese Richtungen sind für eine ungestörte Verdauung förderlicher.
- Große Zimmerpflanzen mit schweren Erdtöpfen sollten aus dem Nordosten, Norden oder Osten ebenfalls in den Bereich des Südens, Westens oder Südwestens verlegt werden.

Küche

- Der Herd sollte am besten in den Südosten der Küche verschoben werden, falls er sich in anderen Richtungen befindet. Insbesondere im Nordosten oder Norden steht er schlecht, da diese Richtungen nicht mit dem Feuerelement belastet werden sollten. Der Nordwesten kommt als zweitbeste Richtung für den Herd ebenfalls infrage.

  Weiterhin ist darauf zu achten, dass die Köche beim Kochen in Richtung Osten schauen können. In Richtung Süden oder Südwesten sollte möglichst nicht gekocht werden.

Das folgende Beispiel zeigt ein Wohnzimmer, das nicht den Prinzipien des Vastu entspricht.

Nicht Vastu-gerechte Wohnzimmereinrichtung

Die nächste Abbildung zeigt dasselbe Wohnzimmer mit der nach Vastu korrigierten Inneneinrichtung.

Nach Vastu korrigiertes Wohnzimmer

~ Das Waschbecken bzw. die Spüle sollte sich nicht im Südosten der Küche befinden. In diesem Fall und auch wenn sie im Südwesten oder im Süden platziert ist, sollte man sie in den

Die folgende Abbildung zeigt eine Küche, die nicht nach den Prinzipien des Vastu eingerichtet ist und erhebliche energetische Mängel aufweist.

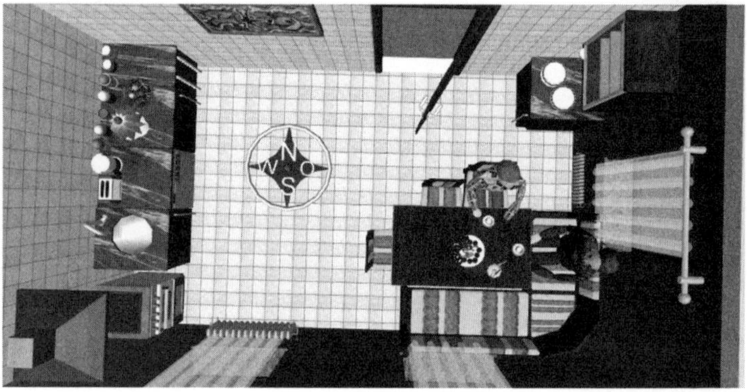

Kücheneinrichtung entgegen den Prinzipien des Vastu

Die folgende Abbildung zeigt die nach Vastu korrigierte Situation.

Vastu-gerechte Einrichtung derselben Küche

Nordosten, Norden oder Osten verlegen. In diesen Richtungen fördert das Wasser die einfließenden Energien und diese fördern die Reinigung.

- Schwere Küchenschränke sollten, falls sie im Osten, Nordosten oder Norden der Küche hängen, in den Südwesten, Süden oder Westen gestellt oder gehängt werden. In der Küche ist dieses Prinzip besonders wichtig, da es dort sehr genau auf die Beweglichkeit und die Qualität der Lebensenergie ankommt.
- Der Kühlschrank sollte nicht im Süden, Südwesten, Südosten oder Nordosten der Küche stehen. Ist dies jedoch der Fall, so sollte er in den Nordwesten oder Westen gestellt werden.
- Falls in der Küche ein Esstisch stehen soll, dann im Westen, Osten oder Süden. Der Südosten, Südwesten und Nordosten sind für diesen Zweck weniger gut geeignet.
- Lebensmittel sollten in der Küche nicht in größeren Mengen gelagert werden. Die für den täglichen Bedarf sollten sich nicht im Südosten oder Südwesten befinden. Ideal für die Lagerung von Getreide und frischen Lebensmitteln ist der Nordwesten, während der Südosten sich lediglich für brennbare Dinge wie Öle und Fette und scharfe Gewürze eignet.

Schlafzimmer

- Auch im Schlafzimmer sollte sich im Norden und Osten kein großer Kleiderschrank befinden, der die Ströme der einfließenden Lebensenergie blockiert. Am besten stellt man den Kleiderschrank an die westliche oder südliche Wand.
- Das Bett sollte im Schlafzimmer so gestellt werden, dass man mit dem Kopf in Richtung Osten oder Süden schlafen kann. Hierzu schließt das Bett am besten an die östliche oder südliche Wand an. Das Bett sollte sich jedoch nicht im Nordosten des Schlafzimmers befinden, sondern findet seinen besten Platz eher im Südwesten oder Süden.
- Spiegel sollten im Schlafzimmer nur so aufgehängt werden, dass sie nicht die Schlafenden reflektieren, da sie ansonsten die verbrauchten Energien, die während der Nacht abgestrahlt

werden, auf die Schlafenden zurückwerfen. Auch sollten Spiegel nur im Osten, Nordosten und Norden aufgehängt werden.

Das nachstehende Beispiel zeigt ein Schlafzimmer, das entgegen den Prinzipien des Vastu eingerichtet wurde.

Schlafzimmer mit ungünstiger Aufstellung der Einrichtungsgegenstände

Die folgende Abbildung zeigt die nach Vastu korrigierte Anordnung der Möblierung:

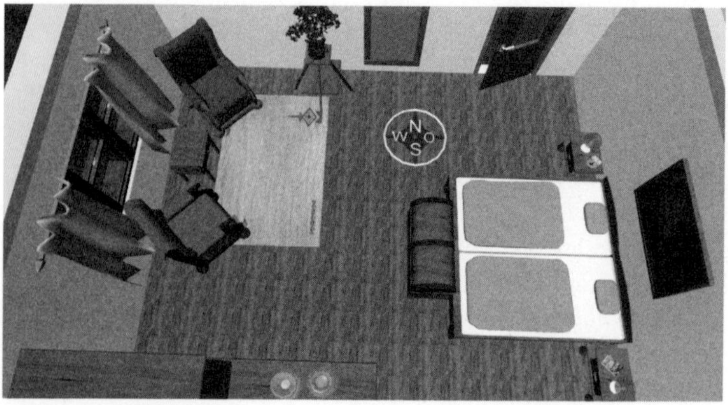

Korrigiertes Schlafzimmer

Büro und Arbeitszimmer

~ In einem Büro sollten ebenfalls die nördlichen, östlichen und nordöstlichen Wände frei sein. Eventuell dort abgestellte Aktenschränke sollten unbedingt in Richtung Süden, Westen oder Südwesten verschoben werden. Insbesondere die Leichtigkeit und Freiheit des Nordens ist für den finanziellen und

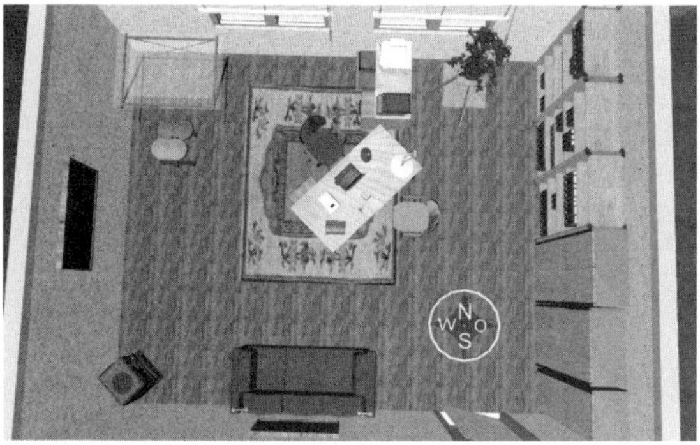

Büro mit einigen Mängeln

Die Einrichtung dieses Büros weist einige Vastu-Mängel auf, die in der nachstehenden Abbildung desselben Büros behoben wurden:

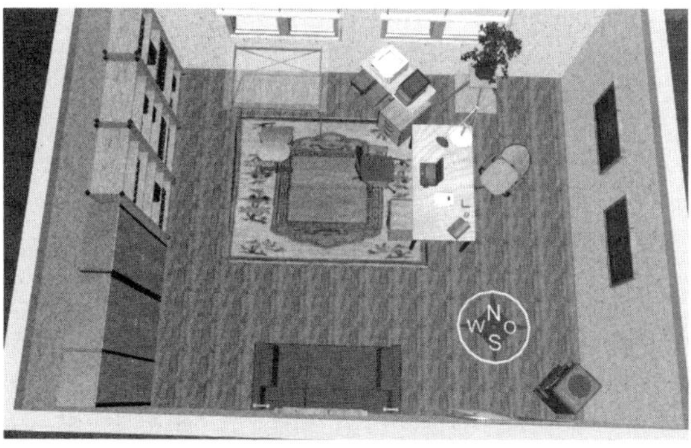

Korrigierte Fassung desselben Büros

geschäftlichen Aspekt der Arbeit wichtig, während von den Vastu-Eigenschaften des Ostens die Karriere abhängig ist.

~ Der Arbeitsplatz sollte so platziert sein, dass man beim Arbeiten in Richtung Osten oder Norden schaut. Die Arbeitsrichtung ist für die Effektivität der Gehirnfunktionen von Bedeutung.

~ Die elektrischen Geräte wie der Computer, das Kopiergerät, das Faxgerät usw. sollten nicht im Nordosten oder Norden des Arbeitszimmers stehen. Ist dies der Fall, so sollten sie am besten in Richtung Südosten verlegt werden. Auch der Süden oder Nordwesten bieten sich hierzu als Alternative an.

~ Die Unterlagen für die tägliche Buchführung sollten nicht im Südwesten oder Süden liegen, da sie dort zu träge sind. Am besten funktioniert die Buchführung mit der notwendigen Bewegung im Nordwesten. Auch der Norden ist für finanzielle Angelegenheiten geeignet. Dort bringt man jedoch am besten leichte Dinge unter, zu denen Wertgegenstände, Bargeld und Schecks gehören. Ein Safe sollte sich in Richtung Norden öffnen lassen. Ist dies nicht möglich, so kann auch der Osten als Öffnungsrichtung gewählt werden.

Abstellkammer

~ Auch eine Abstellkammer sollte den Prinzipien des Vastu entsprechend gestaltet werden. Auch hierbei ist es wichtig, die nördlichen und östlichen Wände und insbesondere den Nordosten frei und leicht zu gestalten. Große Regale sollten daher im Süden, Westen und Südwesten befestigt werden, während man im Norden und Osten am besten einen freien Korridor lässt. Es sollten keine Gegenstände direkt im Norden, Osten oder Nordosten gelagert werden.

~ Dinge, die für lange Zeit permanent gelagert werden, sollten in den Südwesten gestellt werden, während sich der Nordwesten besser zur Zwischenlagerung von leichteren und kleineren Gebrauchsgegenständen eignet. Hierzu gehören Dinge, die zum Putzen oder täglichen Gebrauch gedacht sind wie ein Bügelbrett oder der Staubsauger.

~ Brennbare Gegenstände sollten im Südosten der Abstellkammer gelagert werden. Dies sind zum Beispiel Gasflaschen, Spiritus, Öle und Fette.

Kinderzimmer

~ Gerade im Kinderzimmer ist die genaue Beachtung der Vastu-Prinzipien für die Gestaltung der Einrichtung sehr wichtig, da es hier die Entwicklung des Kindes betrifft. Besonders wichtig sind für die Entwicklung des Kindes die Aspekte des Wohnraumes, die mit den Planeten Jupiter und Merkur in Zusammenhang stehen. Hierzu gehören vor allem die beiden Richtungen Norden und Nordosten, die leicht, offen und ordentlich sein sollten. Schwere Dinge sollten aus diesen Bereichen entfernt und in Richtung Westen, Süden und Südwesten verlagert werden.

~ Besonders wichtig sind im Kinderzimmer auch die Schlafrichtung und die Richtung, in die das Kind schaut, wenn es schreibt, liest oder Hausarbeiten macht. Als Schlafrichtung ist vor allem der Osten empfohlen, der auch als Blickrichtung

Die folgende Abbildung zeigt ein Kinderzimmer, das nicht nach den Prinzipien des Vastu eingerichtet wurde.

Kinderzimmer mit vielen Mängeln

In der nachstehenden Abbildung sind diese Mängel korrigiert.

Nach Vastu eingerichtetes Kinderzimmer

beim Arbeiten favorisiert wird. Als Arbeitsrichtung bieten sich wiederum der Norden und der Nordosten als Alternative an.

5. Gezielter Einsatz der fünf Elemente

Die Beschreibung der Natur und ihrer Energien mithilfe der fünf Elemente Erde, Wasser, Feuer, Luft und Äther ist das einfachste und wirkungsvollste System des Vastu. Es gibt Hinweise für die Anordnung und Einrichtung der einzelnen Räume, stellt jedoch gleichzeitig auch ein System zur gezielten Korrektur energetischer Defizite und Schwächen dar.

Hierzu ist es zunächst erforderlich, die Präsenz der fünf Elemente innerhalb des Hauses und der einzelnen Räume zu analysieren und dann die Elemente zu stärken, deren Energie zu schwach ist. Die folgenden Mittel können zur Stärkung der einzelnen Elemente eingesetzt werden:

Element Erde

Große Pflanzen mit schweren Erdtöpfen; schwere Drusen; große und schwere Schränke; Erdfarben; Steine; Bilder mit Bergen

Element Wasser

Tischbrunnen; Aquarium; Behälter mit frischem Wasser; blaue Farben; geschwungene Formen; Bilder mit Wasser; Pflanzen

Element Feuer

Offenes Feuer; Kamin; Kerzen; elektrische Geräte; spitze Formen; rote und orangene Farben; scharfe Gewürze; Bilder mit Feuer

Element Luft

Bewegliche Dinge wie ein Schaukelstuhl; Atemübungen an einem Platz, an dem das Luftelement gestärkt werden soll; Bilder mit Wind und Wolken; Windspiele; offene Fenster; gute Lüftung; Bewegung; Fächer

Element Äther

Spiegel; metallische Oberflächen; viel Platz; Bilder mit viel Raum; abstrakte Darstellungen; Meditation an dem Ort, wo der Äther gestärkt werden soll; helle Farben; ätherische Klänge; harmonisierende Musik; Blasen eines Muschelhornes, heilende Klänge; Ragas

6. Korrektur mithilfe von Farben

Licht ist eine der Grundlagen des biologischen Lebens und des mentalen Wohlbefindens. Die Stimmung eines Menschen hängt ebenso wie seine Gesundheit von der richtigen Versorgung mit natürlichem Licht ab. Es ist ein ebenso wichtiges Nahrungsmittel wie Gemüse und Getreide, da es dem Körper und dem Geist nicht nur Energie, sondern auch hochwertige Informationen vermittelt.

Wissenschaftliche Studien und praktische Erfahrungen belegen, dass der Mensch nicht nur eine ausreichende Intensität und Menge an Licht benötigt, um körperlich und geistig fit zu sein, sondern auch Licht besonderer Qualität. Das gesündeste Licht ist das Licht der Sonne selbst, da das Leben unter dem Einfluss des Sonnenlichtes entstanden ist. Das weiße Licht der Sonne enthält ein vollständiges Spektrum aller Frequenzen, die der menschliche Körper, seine Zellen und der Geist benötigen, um gesund zu sein. Fehlen eine oder mehrere dieser Frequenzen, so werden bestimmte physische oder psychische Funktionen in Mitleidenschaft gezogen. Die folgende Auflistung gibt Aufschluss über die geistig-seelische Wirksamkeit der verschiedenen Farben des Sonnenlichtspektrums:

Violett: geistige Sammlung, Meditation; geistig-seelische Regeneration

Blau: Ruhe; Gelassenheit; Stress- und Schmerzlinderung; Entspannung der Muskulatur; Blutdrucksenkung

Grün: seelische und körperliche Harmonie, besänftigend, Harmonisierung des Stoffwechsels

Orange: Kraftspender bei körperlicher Verausgabung, gegen Kraftlosigkeit und Depression

Rot: extreme Energetisierung bei Spitzenleistung, starke Kreislaufstimulation

Aufgrund der Erfordernisse der modernen Industrie- und Leistungsgesellschaft und der damit einhergegangenen Umstellung der Lebensgewohnheiten verbringen die meisten Menschen einen großen Teil ihrer Zeit hinter Fensterscheiben in geschlossenen Räumen, in die durch die lichtabsorbierende Eigenschaft von Fensterglas nur ein kleiner Ausschnitt des Sonnenlichtspektrums gelangt. Insbesondere der für die Stärkung des Immunsystems wichtige UV-Anteil des Sonnenlichts wird durch gewöhnliches Fensterglas fast vollständig absorbiert. Wissenschaftliche Studien haben belegt, dass der Mensch diese Anteile des Sonnenlichts ebenso dringend braucht wie Vitamin C. Gerade bei dem UV-Licht der Sonne kommt es ganz besonders auf die richtige Dosierung an. Während eine zu hohe Intensität Hautkrebs und Augenleiden verursachen kann, verursacht eine zu geringe Dosis eine Schwächung der Zellen und ihrer Abwehrkräfte. Um diesen Mangel auszugleichen, bieten Firmen bereits so genannte Vollspektrumröhren an, die das vollständige Spektrum des Sonnenlichts simulieren und dem Mensch auf diese Weise alle notwendigen Frequenzen zukommen lassen. Hierdurch wird zwar auf einer Ebene geholfen, eine solche Lösung kann jedoch nicht die ganze Qualität des Sonnenlichts ersetzen, da durch das Licht der Sonne mehr zu uns gelangt, als eine rein physikalische Ansammlung von Licht unterschiedlicher Frequenzen. Es sind Urinformationen des Lebens und der kosmischen Ordnung, die von der Sonne über Millionen von Kilometern zur Erde gesendet werden und die Zellen des Menschen sowohl mit Energie als auch mit natürlicher Intelligenz versorgen.

Es ist nicht nur das Frequenzspektrum des Sonnenlichts, das seine Qualität ausmacht, sondern ebenfalls seine Intensität und die rhythmische Veränderung der Farbtemperatur, das heißt seiner Frequenzverteilung über den Tag und über das Jahr, das den natürlichen Rhythmus des Lebens und seiner Entwicklung fördert. Die farbliche Gestaltung der Räume in Beziehung zu ihrer natürlichen oder künstlichen Beleuchtung ist daher ebenso wichtig wie ihre Lage bezüglich der acht Himmelsrichtungen.

Die folgende Liste gibt Hinweise auf die Zuordnung förderlicher Farben zu den unterschiedlichen Raumfunktionen:

Schlafzimmer:
helles Grün – wirkt beruhigend
helles Blau – wirkt ebenfalls beruhigend
helle Erdfarben – vermittelt ein Gefühl des Schutzes

Wohnzimmer:
Orange – inspiriert und belebt
Erdfarben und Weiß – vermittelt Gefühl der Geborgenheit
Vielfarbig – vermittelt Gefühl der Abwechslung

Küche:
Weiß – eine saubere Farbe, die ein klares Bewusstsein der Köche fördert
Rosa – sanfte Energetisierung

Büro, Arbeitszimmer:
Grün – intellektuell stimulierend
Rosa – fördert Kreativität
Helles Orange – fördert Kreativität

Kinderzimmer:
Kräftige, bunte Farben – fördern die Wahrnehmung und Entwicklung
Gelb – fördert die Entwicklung

Die folgende Tabelle ordnet den neun Planeten die ihnen entsprechenden Farben zu. Diese Farben können gezielt eingesetzt werden, um die Kraft eines bestimmten Planeten zu stärken, falls dieser durch die jeweiligen Vastu-Eigenschaften eines Raumes geschwächt ist:

Planet	Farbe
Sonne	Rot, Orange, Kupferfarben
Mond	Weiß, silbrig
Mars	Kräftiges, leuchtendes Rot
Merkur	Grün
Jupiter	Gelb
Venus	Bunt, silbrig
Saturn	Dunkelblau
Rahu	Schwarz
Ketu	Rot

Hieraus lassen sich einige wichtige Korrekturmittel für häufig auftretende Vastu-Defekte ableiten. Nicht jede dem jeweils geschwächten Planeten zugeordnete Farbgebung eignet sich, um bestimmte Vastu-Defekte auszugleichen. Beispielsweise sollte man bei einem Vastu-Defekt im Südwesten, bei dem der Planet Rahu geschwächt ist, diesen Raum nicht schwarz oder dunkel streichen, da hierdurch der negative Rahu-Effekt weiter gestärkt würde. Stattdessen bieten sich helle Farben an, um dem Rahu-Effekt entgegenzuwirken, insbesondere die Farben der stark positiven Planeten Jupiter (Gelb), Merkur (Grün) und Venus (Bunt).

Das Gleiche gilt für den Planeten Saturn, dessen Präsenz bei Vastu-Defekten, die Saturnaspekte des Hauses betreffen, ebenfalls nicht durch dunkle Blautöne gestärkt werden sollte.

Auch im Süden sollte man mit der Energie des Mars vorsichtig umgehen. Gibt es dort ernsthafte Vastu-Defekte, indem sich beispielsweise große Fensterflächen auf der Südseite befinden, so sollte der hierdurch hervorgerufene störende Einfluss des Planeten Mars nicht noch zusätzlich durch rote Farben gestärkt werden.

In anderen Richtungen bietet sich eine Korrektur mit der Farbe des jeweiligen Herrscher-Planeten jedoch an:

Beispielsweise kann einem Vastu-Defekt im Nordosten ausgleichend entgegengewirkt werden, indem man den betreffenden Bereich in der gelben Farbe des Planeten Jupiter streicht.

In besonderem Maße gilt diese Regel für den vom Planeten Merkur beherrschten Norden. Ein Vastu-Defekt im Norden, wie beispielsweise eine vollständige Blockade dieser Richtung oder eine falsche Nutzung als Abstellraum kann in seiner Auswirkung vermindert werden, wenn man den betreffenden Bereich mit hellen Grüntönen einfärbt.

Auch im Nordwesten kann die Stellung des dort herrschenden Mondes gestärkt werden, indem man diesen Bereich in Mondfarben wie Weiß oder Silbrig-Weiß streicht. Diese Maßnahme bietet sich beispielsweise an, wenn es dort einen Fehlbereich gibt.

Fehlende Fenster im Osten oder eine andere Beeinträchtigung der Präsenz der Sonne im Haus können durch die Verwendung starker Sonnenfarben im Haus ausgeglichen werden.

Im Südosten des Hauses kann einer Schwächung der Venus-Energie durch die Verwendung bunter Farben entgegengewirkt werden.

Die folgende Auflistung empfiehlt für die wichtigsten Vastu-Defekte Farben, die in dem betreffenden Bereich ausgleichend wirken können:

Blockierter oder fensterloser Norden: grüne Farben
Defekte im Nordosten: gelbe Farben
Blockierter oder fensterloser Osten: Sonnenfarben
Fehlbereich im Nordwesten: große, weiße Flächen
Fehlbereich im Südosten: bunte Farben und Farben des Feuers
Fehlbereich im Südwesten: Erdfarben

Bei all diesen Maßnahmen sollte man sich jedoch darüber im Klaren sein, dass mit einer geeigneten Farbgebung allein keine schwerwiegenden Vastu-Defekte behoben werden können. Hierzu ist es notwendig, entweder auf der baulichen Ebene diesbezügliche Veränderungen vorzunehmen oder stärkere feinstoffliche Korrekturmittel anzuwenden. Trotzdem kann mithilfe von Farben ein spürbarer Ausgleich auf der emotionalen und energetischen Ebene erreicht werden.

7. Spiegel, Pflanzen, Bilder und andere Korrekturmaßnahmen

Außer der gezielten Anwendung von Farben gibt es im Vastu eine große Anzahl kleiner Korrekturwerkzeuge, deren Wirkung sich aus den bereits beschriebenen allgemeinen Vastu-Prinzipien ableiten lässt. Im Folgenden seien einige dieser Mittel erwähnt. Dem kreativen Leser steht es frei, diesen Prinzipien entsprechend weitere Korrekturmittel zu schaffen und damit zu experimentieren.

Spiegel

Spiegel werden im chinesischen Feng-Shui vielfach angewendet, um Energien in einen unterversorgten Bereich umzulenken oder negative Energien zurückzuwerfen. Im Vastu können Spiegel ebenfalls auf diese Weise korrigierend eingesetzt werden, man sollte dabei jedoch die grundlegenden Regeln des Vastu beachten.

Wichtig ist hierbei, dass Spiegel nicht im Südwesten, Süden oder Westen eingesetzt werden, da sie an solchen Wänden den Raum erweitern und somit das negative Energiepotenzial dieser Richtungen verstärken.

Die gleiche Wirkung, den Raum zu erweitern, ist im Norden, Osten und insbesondere im Nordosten willkommen, da dort eine Erweiterung oder Vertiefung des Raumes zur Erhöhung des positiven Energiepotenzials führt. Da Spiegel eine sehr starke Wirkung auf die Dynamik feinstofflicher Energien im Raum haben, sollten diese Prinzipien unbedingt berücksichtigt werden. Ein einziger an einer ungünstigen Stelle positionierter Spiegel kann das Energiefeld des gesamten Raumes stören.

Weiterhin sollte man darauf achten, dass Spiegel nicht direkt im Schlafbereich aufgehängt werden, vor allem wenn sich die Schlafenden darin widerspiegeln.

Empfohlene Anwendung von Spiegeln

~ Erweiterung des Raumes im Norden, Nordosten und Osten, falls dort keine Fenster sind oder zu wenig Platz.

~ Räumliche Erweiterung schmaler Gänge. Hierbei sollten die Spiegel an östlichen, nördlichen oder nordöstlichen Wänden angebracht werden.

~ Gegenüber dem Haupteingang, falls dieser an einem ungünstigen Ort liegt.

~ Im Südosten, falls dort ein Fehlbereich ist und das Feuerelement zu schwach ist.

~ Im Nordwesten, falls das Luftelement beispielsweise durch einen Fehlbereich geschwächt ist. In beiden Fällen sollten die Spiegel wiederum im Osten oder Norden des jeweiligen Raumes befestigt werden.

~ Im Zentrum des Hauses, falls dieses durch Wände bedrängt wird.

Verbotene Anwendung von Spiegeln

~ An Wänden im Süden, Westen und Südwesten
~ Gegenüber des Schlafplatzes, sodass sich die Schlafenden widerspiegeln

Naturbilder

Wissenschaftliche Studien haben ergeben, dass Naturbilder, die Landschaften, Gewässer oder schöne Berglandschaften abbilden, einen sehr günstigen Einfluss auf die Gesundheit und die allgemeine Befindlichkeit von Menschen innerhalb von Räumen haben.

In einem Krankenhaus wurde diesbezüglich die folgende Studie durchgeführt: Eine große Gruppe von Patienten wurde in drei gleich große Gruppen vergleichbarer Erkrankungen unterteilt. Die erste Gruppe kurierte sich in Räumen aus, die ein Fenster in Richtung Natur besaßen. Die zweite Gruppe sollte in Räumen genesen, deren Fenster keinen Blick in die Natur erlaubten, sondern auf Parkplätze oder Stadtlandschaften. Im Zimmer der dritten Gruppe wurden zusätzlich zu dem Fenster, das den Ausblick auf eine Stadtlandschaft ermöglichte, Bilder mit Naturlandschaften aufgehängt.

Die Studie ergab eindeutig, dass die Patienten in den Zimmern mit Blick in die Natur im Durchschnitt doppelt so schnell gesund wurden wie diejenigen in den Zimmern mit Stadtblick, während die Patienten der dritten Gruppe, die einem Bild mit Aussicht in die Natur ausgesetzt waren, fast ebenso schnell gesund wurden wie die Patienten mit dem „echten" Blick in die Natur.

Diese Studie belegt die Wirksamkeit von bildhaften Darstellungen auf den menschlichen Geist und ihre Wirkung auf die Gesundheit. Hätte man statt der Naturbilder Fotos mit Kriegsszenen aufgehängt, wäre der Effekt sicherlich gegenteilig gewesen. Daher sollte man bei der Auswahl von Bildern im Wohnraum darauf achten, nur förderliche Motive aufzuhängen, die die angestrebte Atmosphäre eines bestimmten Raumes fördern.

Besonders wirkungsvoll ist es, Naturbilder im Norden eines Hauses oder Raumes aufzuhängen, wenn dort der Zufluss der organischen Lebensenergie blockiert ist. Diese Bilder sollten grüne Landschaften mit möglichst reinem Wasser darstellen, wodurch einerseits der Planet Merkur und andererseits der organische Aspekt der Lebensenergie gestärkt wird.

Im Osten wirken sich vor allem Bilder mit Sonnenmotiven positiv aus, da hierdurch der solare Aspekt der Lebensenergie gestärkt wird, insbesondere wenn die aufgehende Sonne abgebildet wird.

Pflanzen

Pflanzen haben einen starken Einfluss auf die Qualität und Dynamik der Lebensenergie. Sie fördern das energetische Potenzial des jeweiligen Sektors, in dem sie aufgestellt werden. Daher machen sich grüne Pflanzen am besten im Norden, Nordosten und Osten. Im Süden können große Pflanzen mit viel Erde aufgestellt werden.

Weiterhin sind Bäume und Sträucher den Planeten und den Elementen zugeordnet, sodass man sie bewusst zur Stärkung eines bestimmten Planeten oder eines Elements einsetzen kann. Die folgende Tabelle zeigt, welcher Planet durch einen bestimmten Baum repräsentiert wird:

Baum	Planet
Ahorn	Jupiter
Birke	Venus
Buche	Saturn
Eiche	Mars
Esche	Sonne
Feige	Venus
Haselnuss	Merkur
Kiefer	Saturn
Kirsche	Mond
Lärche	Saturn

Baum	Planet
Linde	Venus
Platane	Venus
Rosskastanie	Jupiter
Ulme	Merkur
Walnuss	Sonne
Weide	Mond
Weinstock	Sonne

Um ein bestimmtes Element zu stärken, kann man auch auf die in der folgenden Auflistung enthaltenen Pflanzen zurückgreifen. So kann beispielsweise Johanniskraut im Südosten eines Raumes verwendet werden, um dort das Feuerelement zu stärken. Im Südwesten sind Rosen und Wegeriche für die Präsenz des Erdelements förderlich, während Minze und Beinwell im Nordosten das Wasserelement vergegenwärtigen. Im Nordwesten kann man durch Lavendel oder Labkraut das Luftelement stärken.

Element	Pflanze
Erde	Spitzwegerich, großer Wegerich, mittlerer Wegerich, Rosen
Wasser	Kamille, Frauenmantel, Rossminze, Katzenminze, echte Schlüsselblume, Beinwell
Feuer	Steinkraut, Grasnelke, Karthäusernelke, Sonnenröschen, Johanniskraut, Rosenmalve, Mauerpfeffer
Luft	Lavendel, Zittergras, Ackerglockenblume, Seggen, Kuckuckslichtnelke, echtes Labkraut

Edelsteine, Kristalle

Eine weitere Möglichkeit, Defekte in den einzelnen Himmelsrichtungen auszugleichen, die die Kraft eines bestimmten Planeten innerhalb des Hauses schwächen, besteht darin, in der betreffenden Richtung Edelsteine oder Kristalle aufzustellen. Im Rahmen des Vastu und der vedischen Astrologie sind jedem

Planeten Edelsteine zugeordnet, die dessen Kraft stärken. Der folgenden Tabelle kann man diese Zuordnung entnehmen:

Himmelsrichtung	Planet	Edelstein
Osten	Sonne	Rubin
Südosten	Venus	Diamant, Zirkon
Süden	Mars	Koralle
Südwesten	Rahu	Achat, Hessonit
Westen	Saturn	Blauer Saphir, Onyx, Amethyst, Lapislazuli
Nordwesten	Mond	Perle, Mondstein
Norden	Merkur	Smaragd, Turmalin, Jade
Nordosten	Jupiter	Saphir, Topas, Amber, Citrin

Gewürze und Kräuter

Das gleiche Prinzip lässt sich mit Kräutern und Gewürzen umsetzen, da nach der Lehre der indischen Naturheilkunde, dem Ayurveda, jeder Planet und damit auch jede Himmelsrichtung bestimmten Gewürzen und Kräutern zugeordnet ist. Die folgende Tabelle enthält diese Zuordnung:

Richtung	Kräuter
Zentrum	Ingwer; Langkornpfeffer (Pippali)
Osten	Arjuna; Punarnava; Brahmi; Shatavari; Jasminöl
Südosten	Ashoka; Guggulu; Gokshura; Kamille; Koralle
Süden	Trikatu; Ingwer; schwarzer Pfeffer (Marcia); Langkornpfeffer (Pippali); Eukalyptusöl
Südwesten	Shatavari (Frauen); Ashvagandha (Männer); Bala; Amrita; Patchouliöl
Westen	Priphala; Amalaki; Haritaki; Asofoetida; Rizinusöl
Nordwesten	Kalmus; Brahmi; Gotu Kola; Sandelholzöl
Norden	Atmagupta; Shatavari (Frauen); Ashvagandha (Männer); Kardamom; Safran; Mandelöl
Nordosten	Brahmi; Bhringaraja; Kalmus; Vasaka; Sandelholzöl

Besteht beispielsweise ein Vastu-Defekt im Südosten eines Hauses, sei es durch einen Fehlbereich oder einen fehlplatzierten Eingang im Südosten, so kann man dort einen Beutel mit Kamillenkraut aufhängen, um diesem Defekt entgegenzuwirken. Der von dem Kamillenkraut ausgehende Duft und dessen feinstoffliche Wirkung harmonisiert die durch den Defekt gestörten Energien dieser Himmelsrichtung bis zu einem gewissen Grad.

Eine weitere Möglichkeit der Anwendung dieses Korrekturprinzips besteht darin, anstatt getrockneter oder frischer Kräuter ätherische Öle zu verwenden. In diesem Fall wird man in der betreffenden Richtung eine Schale mit dem jeweiligen Öl aufstellen und dieses dort mithilfe eines Teelichtes verdampfen lassen. Beide Methoden sind wirksam und können zur Korrektur angewandt werden.

Eine zweite Variante dieses Korrekturprinzips wird in dem folgenden Beispiel demonstriert. Befindet sich die Küche eines Hauses im Westen, so fehlt ihr die energetisierende Qualität des Südostens. Um diesen Mangel auszugleichen, kann man dort entsprechend ein Kraut oder Gewürz verwenden, das dem Südosten zugeordnet ist. Auch in diesem Fall bietet es sich an, einen Beutel mit Kamillenkraut in der Küche aufzuhängen oder Kamillenöl zu verwenden.

Um maximale Resonanz zu den Bewohnern des Hauses herzustellen, sollte man den Beutel mit dem betreffenden Kraut oder Gewürz in der Höhe aufhängen, die dem Chakra entspricht, das durch den jeweiligen Defekt am stärksten betroffen ist. Die Zuordnung der Chakren zu den Defekten erfolgt wiederum über die Entsprechung der Himmelsrichtungen. Die folgende Tabelle erleichtert diese Zuordnung:

Himmelsrichtung	**Chakra**
Osten	Viertes Chakra – Herzchakra
Südosten	Drittes Chakra – Solarplexus
Süden	Zweites Chakra – Milzchakra
Südwesten	Erstes Chakra – Wurzelchakra

Himmelsrichtung	Chakra
Westen	Zweites Chakra – Milzchakra
Nordwesten	Fünftes Chakra – Halschakra
Norden	Sechstes Chakra – Drittes Auge
Nordosten	Siebtes Chakra – Scheitelchakra

8. Feinstoffliche Korrekturwerkzeuge

All die bisher aufgezählten und beschriebenen Korrekturmittel wirken auf verschiedenen Ebenen und ergänzen einander auf diese Weise zu einer ganzheitlichen Korrektur und Entstörung des Wohnraumes. Ihre Wirkung läßt sich grob in zwei Ebenen unterteilen, nämlich die physische und die energetische Ebene.

Korrekturen auf der physischen Ebene wie bauliche Maßnahmen sind besonders wichtig, da sie sich am direktesten auf die energetische Gesamtsituation auswirken. Da sie im Allgemeinen am schwierigsten durchzuführen sind, ist ihre Wirkung auch am stärksten.

Auf der zweiten, der energtischen Ebene, arbeitet man mit Spiegeln, den Elementen, Edelsteinen, Gewürzen und anderen Mitteln, um die Qualität der Energien subtil zu beeinflussen. Auch hierdurch kann ein nachhaltiger Effekt und eine spürbare Verbesserung des Wohlbefindens der Bewohner eines Gebäudes erreicht werden.

Die tiefste Ebene des Vastu ist jedoch die karmische, auf der es um die Kombination und Wechselwirkung planetarer Einflüsse innerhalb des Wohnraumes geht. In dem Kapitel „Wohnen mit den neun Planeten“ (Seite 74) wurden diese Zusammenhänge bereits beschrieben. In diesem Abschnitt wird gezeigt, wie man Störungen, die durch einen geschwächten oder angegriffenen Planeteneinfluss verursacht sind, mit feinstofflichen Korrekturwerkzeugen wie Yantras, Pyramiden und anderen Mittel ausgleichen kann.

Solche feinstofflichen Korrekturwerkzeuge sind wirksam, da sich Vastu-Eigenschaften hauptsächlich im feinstofflichen Bereich auswirken, sodass auch die Gegenmittel auf dieser Ebene gefunden werden sollten.

Yantras

Yantras werden im Vastu seit Jahrtausenden angewandt, um Defekte auf der energetischen und auf der karmischen Ebene auszugleichen. Wie bereits beschrieben, beruht ihre Wirkung auf den folgenden Elementen, die zusammengenommen ein Yantra ausmachen:

Geometrische Elemente: Yantras enthalten im Allgemeinen komplexe geometrische Elemente, die sich zu einem geometrischen Ganzen zusammenfügen. Allein hierdurch wird bereits die Energiequalität des Raumes geprägt, insbesondere, wenn das Yantra an einem energetischen Schlüsselpunkt des Raumes zur Wirkung gebracht wird. Besonders klar fügen sich die geometrischen Elemente in dem so genannten Shri-Yantra zu einer Einheit zusammen, das

Shri-Yantra

der Glücksgöttin Lakshmi gewidmet ist. Das Shri-Yantra enthält eine Kombination aus neun einander durchdringenden Dreiecken unterschiedlicher Winkel und unterschiedlicher Größen, wobei fünf Dreiecke in eine Richtung ausgerichtet sind und vier weitere Dreiecke in die entgegengesetzte Richtung. Die hierbei entstehende Schnittfigur enthält insgesamt 43 kleinere Dreiecke, von denen jedes einzelne seine eigene energetische Qualität besitzt.

Die neun einander durchdringenden Dreiecke symbolisieren den Schöpfungsprozess. Die fünf von oben nach unten weisenden Dreiecke repräsentieren den männlichen Schöpfungsimpuls, der als Shiva bekannt ist, während die vier von unten nach oben weisenden Dreiecke die weibliche Schöpfungskraft repräsentieren, die als Shakti bekannt ist. Beide zusammen bilden das dynamische Kraftfeld, in dem die kosmische Schöpfung stattfindet.

Das Shri-Yantra wird traditionellerweise angewendet, um die finanzielle Situation zu verbessern und um Blockaden der weiblichen Energien zu lösen.

Hierzu ist es wichtig, das Yantra so anzubringen, dass die Grundseite des mittleren Dreiecks entweder nach oben oder nach Osten weist.

Im Vastu bietet sich das Shri-Yantra als ideales Korrekturwerkzeug für den Norden an, um dort die weiblichen organischen Aspekte der Lebensenergie zu stärken und gleichzeitig den finanziellen Fluss zu beleben.

Der amerikanische Physiker Patrick Flannagan, der sich seit Jahrzehnten der wissenschaftlichen Erforschung feinstofflicher Energien widmet, hat das Shri Yantra als „The king of power symbols" bezeichnet. Laut seiner Aussage besitzt ein drei Zentimeter großes Shri-Yantra unabhängig von dem Material, aus dem es besteht, die gleiche energetische Wirkung wie eine zwei Meter große Pyramide.

Die Geometrie des Shri-Yantras folgt einem komplexen mathematischen Algorithmus, der mehrfach die Proportionen des goldenen Schnitts enthält.

Andere geometrische Elemente, die in Yantras Verwendung finden, sind:

Geometrisches Element	**Bedeutung**
Kreis	Energie des Elementes Wasser
Quadrat	Energie des Elementes Erde
Dreieck	Energie des Elementes Feuer
Diagonale Linien	Energie des Elementes Luft
Horizontale Linie	Energie des Elementes Wasser
Vertikale Linie	Energie des Elementes Feuer
Punkt	Energie des Elementes Äther

Weiterhin können jedoch auch komplexere geometrische Elemente verwendetet werden, deren energetische Zuordnung aus dem jeweiligen Zusammenhang abgeleitet werden kann.

Farben: Yantras können sowohl mehrfarbig als auch einfarbig sein. Obwohl sie auch in einfarbiger Ausführung wirken, wird ihre energetische Wirkung und Klarheit durch den Gebrauch von Farben verstärkt.

Das Farbspektrum repräsentiert das Spektrum der feinstofflichen Energien. Wie bereits beschrieben, sind jedem Planeten und jeder Himmelsrichtung Farben zugeordnet, die verwendet werden, wenn die Energie eines bestimmten Planeten oder einer Himmelsrichtung in einem Yantra verkörpert werden soll. Zeichnet man das gleiche Yantra in unterschiedlichen Farben, so erhält man Yantras leicht unterschiedlicher Wirkung.

Symbole: Ein weiterer wichtiger Bestandteil von Yantras sind Symbole, durch die die feinstoffliche Kraft eines bestimmten Planeten, Wesens oder Gegenstandes verkörpert wird. Sie werden in den geomantischen Traditionen überall auf der Welt zur Beeinflussung der Energien der Erde und des Raumes verwendet.

Die Kraft von Symbolen liegt nicht ausschließlich in ihrer psychologischen Wirkung begründet, denn sonst wäre es nicht möglich, ihre Wirkung, selbst unabhängig von einem menschlichen Betrachter, auf Pflanzen oder andere natürliche energetische Systeme nachzuweisen. Dieser Nachweis ist jedoch mehrfach mit wissenschaftlichen Methoden geführt worden.

Der slowenische Geomant Marko Pogacnik führt seit Jahren in weiten Teilen der Welt geomantische Heilungen von Landschaften, Plätzen, Städten, Wäldern und Parkanlagen durch, indem er einfach Symbole der Naturelemente und Naturwesen in Steine meißelt und an energetisch wirksamen Punkten, den Akupunkturpunkten des jeweiligen energetischen Systems platziert. Die Wirkung seiner Erdakupunktur mithilfe von Symbolen ist so überzeugend, dass selbst Kommunen und Behörden in vielen Ländern Europas Marko Pogacnik den Auftrag erteilt haben, seine Landschaftsheilungen bei ihnen durchzuführen.

Schriftzüge: Auch das geschriebene Wort besitzt eine starke Wirkung im feinstofflichen Bereich, da es seine Bedeutung als feine energetische Schwingung mit sich trägt. Das heißt, dass auch die Wirkung eines Schriftzuges nicht unbedingt davon abhängig ist, dass ihn jemand liest und versteht, sondern dass er auch unbewusst wirkt.

Schreibt man beispielsweise Worte mit positiver Bedeutung, wie Liebe, Hoffnung, Güte, Glaube, Barmherzigkeit, auf ein Blatt Papier und stellt darauf ein Glas mit Wasser, so wird die positive Schwingung der Bedeutung dieser Worte auf das Wasser übertragen. Diese Übertragung kann verstärkt bzw. beschleunigt werden, indem man ein paar Mal leicht mit einem Löffel gegen das Glas schlägt. Den gleichen Effekt erzielt man, indem man die Worte auf eine Glasflasche schreibt, in der Wasser aufbewahrt wird. Die po-

ॐ नमो भगवते वासुदेवाय

Ein Mantra zur Verehrung Vasudevas (Gottes) im Sanskrit

sitive Wirkung solcher Affirmationen lässt sich mithilfe moderner fotografischer Methoden nachweisen. Wasser, das positiven Affirmationen ausgesetzt wurde, kristallisiert in wunderschönen, harmonischen Formen, während Wasser, das negativen Affirmationen ausgesetzt wird, in disharmonischen, chaotischen Formen kristallisiert.

Aus diesem Grunde enthalten die meisten Yantras zusätzlich zu geometrischen Elementen und Symbolen schriftliche Elemente, die im Allgemeinen in Sanskrit aufgeschrieben sind, da die Schrift des Sanskrit eine besonders starke energetische Wirkung hat. Die Buchstaben des Sanskrit sind Schwingungsbilder, die das Klangbild des entsprechenden Lautes darstellen.

In Sanksrit aufgeschriebene oder ausgesprochene Worte oder Sätze, deren Ziel es ist, eine bestimmte Energie, Kraft oder Wesenheit zu vergegenwärtigen, werden als Mantren bezeichnet. Ein Mantra ist eine gesprochene oder geschriebene Klang-

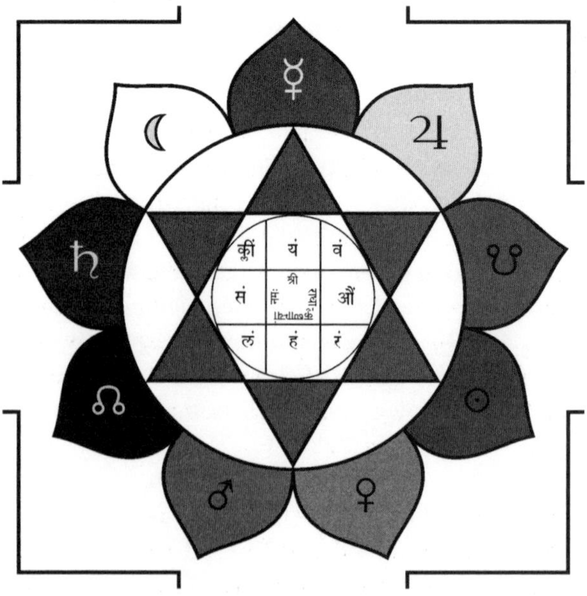

Yantra der neun Planeten

schwingung, die die Kraft hat, den Geist zu befreien. In der vedischen Tradition besitzt jede Energie, Kraft oder Wesenheit ein eigenes Mantra, durch das sie angerufen wird.

Yantras als Korrekturwerkzeuge im Vastu

Um Vastu-Defekte zu korrigieren, die auf der physischen Ebene nicht beseitigt werden können, oder auch um allgemeine energetische Störungen des Wohnraums auszugleichen, gibt es im Vastu insgesamt vierzig Yantras, die in drei Gruppen unterteilt sind:

Planeten-Yantras: Es gibt zehn traditionelle vedische Planeten-Yantras, die im Vastu relativ selten Anwendung finden, da dieses zusätzliche astrologische Kenntnisse erfordert, um herauszufinden, ob ein bestimmtes Planeten-Yantra einen Bewohner positiv oder negativ beeinflusst.

Daher verwendet man im Vastu in den meisten Fällen die so genannten spirituellen Yantras, die ebenfalls den neun Planeten und damit den acht Himmelsrichtungen zugeordnet sind.

Spirituelle Yantras: In der vedischen Weltsicht wird jeder Planet von einem bestimmten Aspekt Gottes beherrscht. Diese Aspekte Gottes werden in Form von zehn spirituellen Yantras dargestellt. Ihre Anwendung ist völlig unbedenklich und kann keine negative Wirkung haben, da sie die Kraft des jeweils repräsentierten Planeten nicht einfach nur verstärken, sondern auf intelligente Weise ausgleichen. Ist beispielsweise ein bestimmter Planet geschwächt, so wird er durch das Yantra gestärkt, während seine Wirkung neutralisiert würde, falls er durch seine angegriffene Stellung eine negative Wirkung entfalten würde.

Die Anwendung dieser Yantras erfolgt nach einem sehr einfachen Prinzip. Besteht im Haus oder auf dem Grundstück ein Vastu-Defekt, so findet man zunächst heraus, welcher Planet dadurch in Mitleidenschaft gezogen wird. Hat man einen oder

Spirituelles Jupiter-Yantra zur Korrektur geschwächter oder angegriffener Jupiter-Aspekte im Wohnraum

mehrere Planeten identifiziert, so wird an der jeweils betroffenen Stelle das entsprechende Yantra platziert.

In den meisten Fällen bringt man die Yantras an einer Wand an, wobei die Höhe vom ausgewählten Yantra abhängt. Die folgende Tabelle gibt für jedes Yantra an, in welcher Höhe es aufgehängt

Planet	Höhe
Sonne	Herz
Venus	Solarplexus
Mars	Milz
Rahu	Steißbein
Saturn	Milz
Mond	Hals
Merkur	Augen
Ketu	Scheitel
Jupiter	Scheitel

werden sollte. Hierbei beziehen sich die Angaben der rechten Spalte in der Tabelle auf den Körper der jeweils am stärksten betroffenen Person.

Eine andere Möglichkeit besteht darin, die Yantras direkt an der Zimmerdecke oder auf dem Boden anzubringen. Hierbei ist es wichtig, das Yantra so zu legen, dass sein Kopf in Richtung Osten weist.

Die folgenden Anwendungsbeispiele sollen dieses Prinzip verdeutlichen:

- Eine Küche im Westen eines Hauses besitzt im Allgemeinen nicht genügend feurige Energie, um die dort zubereitete Nahrung ausreichend zu energetisieren. Daher ist es sinnvoll, ein spirituelles Mars-Yantra im Zentrum der Küche an der Decke zu platzieren, sodass der Kopf des Yantras in Richtung Osten weist.
- Im Falle einer Toilette im Nordosten eines Gebäudes kann man außen oberhalb der Tür dieses Raumes ein spirituelles Jupiter-Yantra platzieren, da die Toilette die Kraft des Planeten Jupiter beeinträchtigt.
- Steht im Osten eines Wohnzimmers eine große Schrankwand, die nicht verschoben werden kann, so ist damit der Zufluss der solaren Lebensenergie blockiert. Dieser Defekt kann durch Anbringen eines spirituellen Sonnen-Yantras direkt an der Schrankwand teilweise ausgeglichen werden. Es sollte in der Höhe des Herzens in der Schrankwand angebracht werden. Hierbei ist es nicht wichtig, ob man das Yantra von außen sehen kann. Es kann sich auch hinter Büchern oder innerhalb einer Schublade befinden.

Mandalas der Himmelsrichtungen: Die dritte Gruppe von Yantras wird als Mandalas der Himmelsrichtungen bezeichnet, da sie die Energie der sechzehn Himmelsrichtungen repräsentieren.

Fügt man zwischen zwei Himmelsrichtungen je eine Zwischenhimmelsrichtung ein, so erhält man sechzehn Rich-

Das Mandala des Ostens gibt Inspiration und Elan

tungen. Fügt man das Zentrum hinzu, so erhält man siebzehn zu repräsentierende Richtungen.

Diese siebzehn Yantras werden als Mandalas bezeichnet, da sie im Vastu nicht als Korrekturwerkzeuge für Vastu-Defekte eingesetzt werden wie die spirituellen Yantras und die Planeten-Yantras, sondern zum allgemeinen energetischen Ausgleich. Sie werden insbesondere in Beziehung zu den Bewohnern des Hauses bzw. den speziellen Funktionen der einzelnen Räume eingesetzt. Das Mandala des Ostens fördert beispielsweise Leichtigkeit, neue Ideen und den Arbeitselan. Daher lässt es sich hervorragend am Arbeitsplatz anbringen, um diesen zu beleben.

Das Vasati-Richtungs-Yantra

Ein weiteres Yantra, das keiner dieser drei Gruppen angehört, ist das Vasati-Richtungs-Yantra. Es wird generell an allen Orten angebracht, wo Richtungsfehler vorliegen, das heißt wo sich Dinge gemäß Vastu am falschen Ort befinden.

Das Richtungs-Yantra besitzt einen recht komplexen Aufbau, in dem geometrische Elemente, Symbole und Mantren miteinander verbunden werden. Auch Farben kommen hier zur Anwendung, da es das Richtungs-Yantra sowohl in einer farbigen als auch in einer schwarzweißen Ausführung gibt.

Im Zentrum des Richtungs-Yantras befindet sich der Vastu-Purusha, das Symbol des lebendigen Raumes. Sein Kopf weist in Richtung Nordosten, seine Füße in Richtung Südwesten und seine Gelenke liegen in den beiden dynamischen Richtungen, dem Nordwesten und dem Südosten.

Wird das Richtungs-Yantra horizontal angebracht, so sollte der Kopf des Vastu-Purushas in Richtung Nordosten weisen, während er nach oben links weisen sollte, wenn das Yantra vertikal an der Wand hängt.

Um den Vastu-Purusha herum befindet sich eine aus drei Kreisen bestehende geometrische Struktur, in der zweiunddreißig Himmelsrichtungen bezeichnet und nummeriert sind. Diese Struktur wirkt wie eine Antenne und gleichzeitig wie ein Mecha-

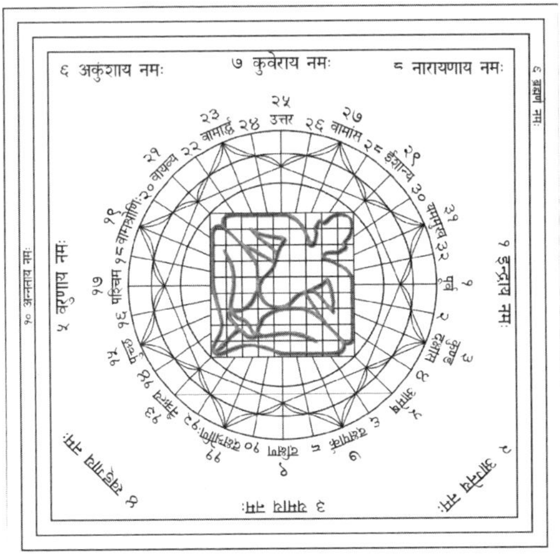

Vasati-Richtungs-Yantra

nismus, der falsche Platzierungen von Räumen oder Gegenständen ausgleicht.

In der äußeren Umgebung dieser Geometrie befindet sich in den acht Himmelsrichtungen jeweils das Mantra des Halbgottes, der die betreffende Himmelsrichtung beherrscht. Die Halbgötter sind nach vedischer Auffassung mächtige Lebewesen, die mit den kosmischen Gesetzmäßigkeiten in Zusammenhang stehen.

Im Falle eines fehlplatzierten Raumes wie einer Küche im Nordosten oder eines Büros im Süden kann das Richtungs-Yantra außen über der Tür zu diesem Raum aufgehängt werden.

Auch bei fehlplatzierten Möbelstücken oder anderen Einrichtungsgegenständen kann das Richtungs-Yantra angewandt werden. Steht beispielsweise ein Wohnzimmerschrank im Norden eines Raumes und kann er nicht verschoben werden, so bietet es sich an, das Richtungs-Yantra in der Mitte des Schrankes, beispielsweise an dessen Rückwand oder auch im Frontbereich anzubringen.

Meruchakra

Das Meruchakra ist ein dreidimensional dargestelltes Shri-Yantra. Das Shri-Yantra besteht aus Dreiecken, die in fünf Ebenen um das Zentrum herum angeordnet sind. Beim Meruchakra werden diese fünf Ebenen auf unterschiedlicher Höhe angeordnet.

Der hierdurch erzielte räumliche Effekt bewirkt, dass die räumliche Wirkung des an sich zweidimensionalen Shri-Yantras verstärkt wird. Dadurch wird das Meruchakra zu einem idealen Korrekturwerkzeug gestörter Raumenergien. Der Vorteil dreidimensionaler Yantras besteht generell darin, dass die energetische Wirkung der ebenen Yantras durch sie in eine direkte Resonanz mit dem Wohnraum gesetzt wird. Während bei zweidimensionalen Yantras die exakte räumliche Positionierung des Yantras seine Wirkung entscheidend beeinflusst, wirken die hier beschriebenen dreidimensionalen Yantras von jedem Punkt aus mit vergleichbarer Stärke. Auch ihre Wirksamkeit kann durch die richtige Positionierung optimiert werden, doch ist dieser Effekt deut-

Meruchakra

lich geringer als bei den herkömmlichen zweidimensionalen Yantras.

Das Meruchakra verkörpert die Energie der Glücksgöttin Shri. Dadurch ist es besonders gut geeignet, um die weiblichen Energien im Haus zu stärken. Da die Glücksgöttin Shri auch Reichtum und Geld verkörpert, wirkt sich das Meruchakra auch sehr positiv auf die Energien des Geldbereiches im Norden aus. Wird es im Norden eines Hauses positioniert, stärkt es gleichzeitig die organischen Aspekte der Lebensenergie, die aus dem Norden einfließen. Auch in Räumen, die keine Nordfenster besitzen, kann es an der nördlichen Wand aufgestellt werden. Eine weitere Richtung, in der das Meruchakra sehr effektiv eingesetzt werden kann, ist der Nordosten. Die einfließenden Energien des Nordostens werden durch das Meruchakra belebt und harmonisiert.

Tests mit Hautwiderstandsmessungen haben ergeben, dass das Meruchakra alle zwölf Meridiane des Körpers balanciert und harmonisiert. Daher kann es auch am Arbeitsplatz, im Büro, am Computer oder im Wohnzimmer im Bereich der Sitzgarnitur aufgestellt werden, um die Energien dieser Bereiche zu harmonisieren und von Spannungen zu befreien. Anwendungsbeispiele sind:

- Besitzt ein Gebäude keine ausreichenden Fensterflächen im Nordosten oder ist der Nordosten durch hohe Bäume oder ein hohes Nachbargebäude verstellt, so eignet sich das Meruchakra sehr gut, um die geschwächten organischen Aspekte der Lebensenergie in diesem Bereich zu stärken. Das Gleiche gilt für Räume, insbesondere, wenn dort heilerisch gearbeitet wird oder finanzielle Aktivitäten stattfinden.
  Besonders hilfreich ist das Meruchakra in Geschäftsräumen vor allem im Safebereich. Auch für diesen Zweck sollte das Meruchakra im Norden des Gebäudes bzw. der betreffenden Räume aufgestellt werden.
- Ist in einem Gebäude der Nordosten mit abbauenden Energien belastet, wie beispielsweise mit einem Abstellraum, einer Toilette oder ist er zu sehr geschlossen, so sollte dort ein Meruchakra platziert werden. Selbstverständlich sollte man auch in einem solchen Fall zuerst alle anderen Möglichkeiten der Korrektur ausschöpfen.
- Auch vom Zentrum von Häusern oder Wohnungen aus kann das Meruchakra die Energien im ganzen Haus harmonisieren, insbesondere, wenn in dem betreffenden Gebäude vor allem die weiblichen Energien zu stärken sind.

Bei der Aufstellung des Meruchakras ist darauf zu achten, dass die flache Seite des zentralen Dreiecks exakt in Richtung Osten ausgerichtet wird. Nur dann kann das Yantra seine volle Wirkung entfalten.

Vasati-Pyramide

Analog zum Meruchakra, das auf dem zweidimensionalen Shri-Yantra basiert, ist die Vasati-Pyramide eine räumliche Umsetzung des Vasati-Richtungs-Yantras.

Die Vasati-Pyramide wird vor allem im Zentrum eines Gebäudes aufgestellt, um von dort aus Vasati-Defekte aller Art zu neutralisieren. Zu diesem Zweck basiert die Vasati-Pyramide auf einer dreidimensionalen reliefartigen Umsetzung des Vasati-

Vasati-Pyramide

Richtungs-Yantras, in das neun quadratische Vertiefungen eingelassen sind.

In diesen neun Vertiefungen liegen neun Yantras, auf denen jeweils eine cheopsförmige Glaspyramide steht. Das Prinzip dieser Kombination besteht darin, dass die Wirkung eines Yantras durch eine darüber stehende Pyramide in den Raum hinein projiziert und gleichzeitig verstärkt wird. Besonders stark ist dieser Effekt, wenn die Glaspyramiden nach den Proportionen der Cheops-Pyramide geformt sind.

Die Cheops-Pyramide enthält ebenso wie das Shri-Yantra und das Meruchakra den goldenen Schnitt als die bestimmende Proportion.

Im Zentrum der Vasati-Pyramide liegt der Vastu-Purusha unter einer etwa sechs Zentimeter hohen Glaspyramide mit einer Grundfläche von etwa sechs mal sechs Zentimetern. Um das Zentrum herum sind acht Vertiefungen quadratförmig angeordnet, in denen jeweils das spirituelle Yantra eingelassen ist, das der betreffenden Himmelsrichtung zugeordnet ist. Auf diesen Yantras stehen wiederum kleine Glaspyramiden, die deren Wirkung in den Raum projizieren.

Zusammenfassend kann die Wirkung der Vasati-Pyramide als eine Kombination aus vier Faktoren dargestellt werden:

Yantras: Eine dreidimensionale Kombination der zehn wichtigsten Yantras des Vastu entfaltet eine starke Wirkung sowohl im energetischen als auch im karmischen Bereich.

Pyramiden: Die Wirkung der Yantras wird mit der Hilfe von cheopsförmigen Glaspyramiden in den Raum projiziert und energetisch verstärkt.

Mantren: Das Steinrelief der Grundplatte enthält die Mantren (Schriftzüge) der acht Himmelsrichtungen, wovon eine stark korrigierende Wirkung ausgeht.

Weihezeremonie: Jede Vasati-Pyramide wird mit einer traditionellen vedischen Feuerzeremonie geweiht, was ihre feinstofflichen Energien aktiviert. Sie kann dadurch zum Kraftzentrum des ganzen Hauses werden.

Raumakupunktur

Das bereits im vorhergehenden Abschnitt dargelegte Prinzip der Kombination von Yantra und Glaspyramide kommt auch in dem neu entwickelten System der Raumakupunktur hier deutlich zur Anwendung.

Dieses System wurde entwickelt, um ein einfaches, aber wirkungsvolles Mittel zur Harmonisierung der Energie einzelner Räume zur Verfügung zu haben. Hierbei werden Yantras, die unter Glaspyramiden liegen, auf den energetischen Schlüsselpunkten des Raumes aufgestellt. Hierbei ist es wichtig, jedem Schlüsselpunkt genau das richtige Yantra zuzuordnen. Die Zuordnung der Yantras zu den Schlüsselpunkten des Raumes geschieht auf folgende Weise:

~ Der erste Schritt besteht darin, den Raum, dessen Energien harmonisiert werden sollen, maßstabsgetreu möglichst groß auf ein Blatt Papier zu zeichnen und die Himmelsrichtungen auf dem Blatt Papier exakt zu bezeichnen.

~ Im zweiten Schritt zeichnet man durch die Ecken des Raumes insgesamt vier Geraden, die parallel zu den Haupthimmelsrichtungen liegen, sodass ein Rechteck entsteht, das parallel zu den Haupthimmelsrichtungen liegt und die vier Ecken des betreffenden Raumes von außen berührt. Der Raum liegt jetzt vollständig in dem hinzugezeichneten Rechteck.
~ Im dritten Schritt zeichnet man die beiden Diagonalen des hinzugezeichneten Rechtecks in den Grundriss des Raumes ein. Diese treffen sich in der Mitte des Raumes.
~ Der vierte Schritt besteht darin, beide Diagonalen in jeweils drei gleich große Abschnitte zu unterteilen. Die hierbei entstehenden vier Unterteilungspunkte bilden ein Rechteck im Zentrum des Raumes und sind gleichzeitig die vier wichtigsten energetischen Schlüsselpunkte des Raumes. Auf diesen vier Punkten werden die vier Glaspyramiden mit den Yantras platziert.
~ Im fünften Schritt überträgt man die vier gefundenen Schlüsselpunkte maßstabsgetreu auf den Raum und bezeichnet sie mit der jeweiligen Himmelsrichtung, in der sie vom Zentrum aus gesehen liegen. Man wird hierbei je einen Punkt

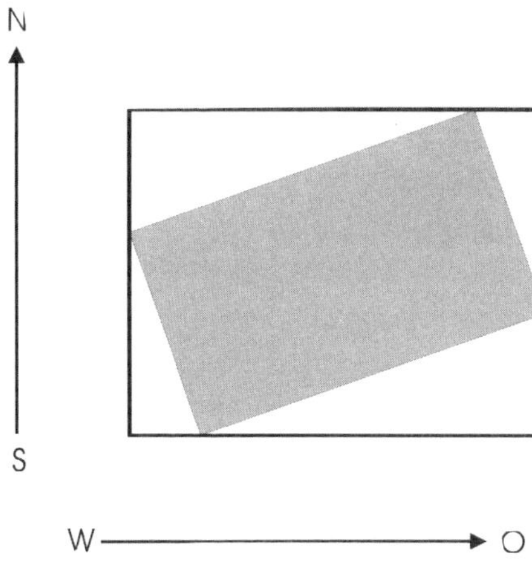

Erster und zweiter Schritt: Konstruktion des Rechtecks

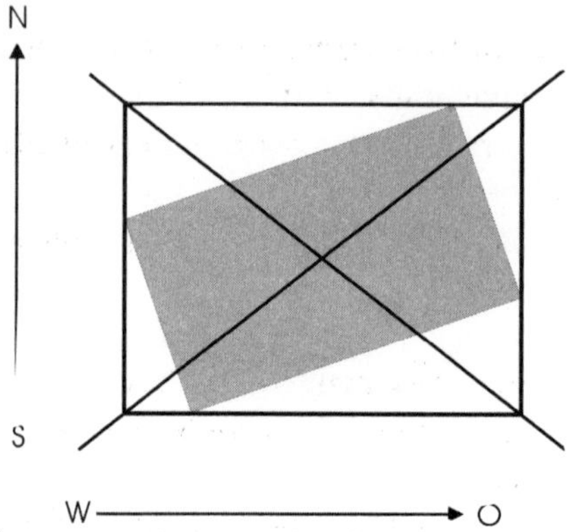

Dritter Schritt: Die Diagonalen des Rechtecks

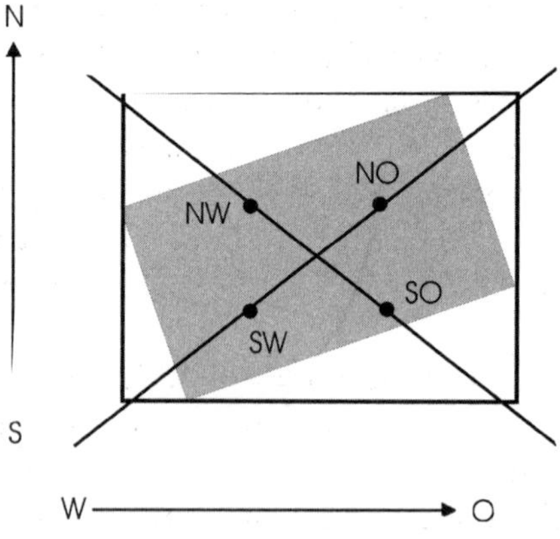

Vierter Schritt: Markierung der vier Schlüsselpunkte auf den in drei Abschnitte geteilten Diagonalen

im Südwesten, Südosten, Nordwesten und Nordosten, das heißt in den vier Nebenhimmelsrichtungen, finden.

~ Im sechsten Schritt platziert man die vier Glaspyramiden mit den entsprechenden Yantras auf diesen Schlüsselpunkten nach dem folgenden System:

1. Auf dem Schlüsselpunkt im Nordosten wird ein spirituelles Jupiter-Yantra mit Pyramide positioniert.

2. Auf dem Schlüsselpunkt im Nordwesten wird ein spirituelles Mond-Yantra mit Pyramide positioniert.
3. Auf dem Schlüsselpunkt im Südosten wird ein spirituelles Venus-Yantra mit Pyramide positioniert.
4. Auf dem Schlüsselpunkt im Südwesten wird ein spirituelles Rahu-Yantra mit Pyramide positioniert.

Hierbei ist darauf zu achten, dass man die Yantras mit den Pyramiden so aufstellt, dass die Kopfseite des betreffenden Yantras jeweils in Richtung Osten weist.

Die vier Pyramiden sollten mindestens einen Tag lang auf den Schlüsselpunkten stehen bleiben, um eine nachhaltige Wirkung zu erzielen. Viele Menschen nehmen die harmonisierende Wirkung dieser Akupunktur sofort wahr, andere spüren die Wirkung eher indirekt, indem sie sich ausgeglichener fühlen, sich besser konzentrieren können oder sich einfach wohler fühlen.

Diese Installation kann man so häufig wiederholen, wie man es für notwendig erachtet, oder man kann sie zu einem regelmäßigen Ereignis machen, das einmal in der Woche oder einmal im Monat durchgeführt wird, um den Raum erneut zu energetisieren.

Eine andere Möglichkeit besteht darin, die Pyramiden auf den entsprechenden Schlüsselpunkten stehen zu lassen und so eine permanente Wirkung zu erzielen.

Falls es jemandem nicht möglich ist, die vier Schlüsselpunkte geometrisch zu bestimmen, so kann man die vier Yantra-Pyramiden auch einfach am Rande des Raumes in den ihnen jeweils entsprechenden Nebenhimmelsrichtungen aufstellen oder in den vier Bereichen der Nebenhimmelsrichtungen jeweils einen Punkt intuitiv ermitteln. Im Allgemeinen ist jedoch die Wirkung am stärksten, wenn man die Schlüsselpunkte möglichst genau geometrisch bestimmt.

Die auf diese Weise ermittelten vier Schlüsselpunkte stehen jeweils mit verschiedenen Aspekten der Raumenergie in Zusammenhang:

Schlüsselpunkt im Nordosten: Dieser Punkt ist mit dem Planeten Jupiter verbunden und steht daher für die Energie des Lehrers. Die Beziehung zu den Lehrern, die man im Leben hat, wird von der Energie dieses Punktes repräsentiert. Weiterhin steht er für die geistige und spirituelle Entwicklung im Leben.

Falls man unter Leberproblemen, Diabetes oder Tumoren leidet, ist die Energie dieses Punktes gestört und sollte mit der spirituellen Jupiter-Yantra-Pyramide akupunktiert werden.

Schlüsselpunkt im Nordwesten: Der Schlüsselpunkt im Nordwesten steht mit dem Mond und dem Element Luft in Beziehung. Die Qualitäten von Bewegung, Kommunikation, Austausch und Beziehungen hängen von der Energie dieses Punktes ab. Er steht mit unserer emotionalen Befindlichkeit in Zusammenhang und ist gestört, falls man Magenprobleme, Augenprobleme, Atmungsschwierigkeiten oder psychische Probleme hat.

Schlüsselpunkt im Südwesten: Der Punkt im Südwesten steht mit dem Element Erde und dem Planeten Rahu in Zusammenhang. Seine Energie ist schwerer und repräsentiert unsere Beziehung zu den negativen Kräften im Kosmos. Probleme mit den Knochen, mit Haaren und Zähnen mögen sich hier manifestieren.

Schlüsselpunkt im Südosten: Die Energie dieses Schlüsselpunktes hängt mit der Venus und dem Element Feuer zusammen. Es ist auch sinnvoll, eine Kerze an diesem Punkt brennen zu lassen, um die Kraft des Feuerelements zu stärken. Das Prinzip des Genusses, der Lebenslust und des Komforts drückt sich bei diesen Punkt aus. Bei Nierenproblemen, Krankheiten der weiblichen Geschlechtsorgane oder der Brüste oder Verdauungsstörungen mag die Energie dieses Punktes gestört sein und bedarf der Unterstützung durch die spirituelle Venus-Yantra-Pyramide.

Hat man auf diese Weise die vier Schlüsselpunkte des Raumes bestimmt und festgestellt, dass sich bei diesen Punkten schwere

Raumakupunktur-Set

Gegenstände oder Möbelstücke befinden, so hat man weitere Vastu-Defekte entdeckt. Diese Punkte sollten frei und unbelastet sein. Ist dies nicht der Fall, so wird die Energie des betreffenden Punktes gestört, was sich in der in den vorigen Abschnitten beschriebenen Art und Weise auswirken kann. In solchen Fällen sollte man die störenden Gegenstände oder Möbelstücke woanders aufstellen.

Im Rahmen einer detaillierten Vastu-Analyse sollte man diese Schlüsselpunkte für jeden einzelnen Raum und auch für das gesamte Haus bestimmen und überprüfen, ob diese Punkte frei sind. Aus dieser Analyse lässt sich einiges über die energetische Gesamtsituation des Gebäudes ableiten.

Häufig sind die energetischen Schlüsselpunkte des Hauses und einzelner Räume die geeigneten Punkte, um bestehende Vastu-Defekte zu korrigieren.

Beispielsweise mag der Schlüsselpunkt im Südosten des Hauses mit einer tragenden Wand zusammenfallen, während auf dem Schlüsselpunkt im Nordwesten ein Bett stehen mag. Auf diese Weise sind auf der Nordwest-Südost-Diagonalen beide Schlüsselpunkte gestört. Dieses mag sich unter anderem in einem gestörten Schlaf auswirken, wobei Krankheiten gefördert werden, die mit dem Feuerelement in Zusammenhang stehen, wie Infektionen, Verdauungsstörungen, unruhiger Schlaf usw. Auch Krankheiten der Atemwege, insbesondere entzündliche, sind wahrscheinlich. In einem solchen Fall sollte unbedingt der Schlafplatz verlegt werden. Weiterhin sollte man an der Wand im Südosten an der Stelle des Schlüsselpunktes ein spirituelles Venus-Yantra befestigen oder an dieser Stelle die Venus-Yantra-Glaspyramide aufstellen. Auf dem nordwestlichen Schlüsselpunkt sollte eine Mond-Yantra-Pyramide platziert werden.

Raumreinigung durch Klänge und Mantren

Eine sehr wirkungsvolle Methode, die Wohnraumenergie zu verbessern und Disharmonien des Raumes auszugleichen, besteht darin, gezielt Klänge, Musik oder Mantren zu verwenden.

Klang wirkt auf der feinsten ätherischen Ebene und kann daher die energetische Qualität des Raumes nachhaltig beeinflussen. Hierbei können verschiedene Arten von Klängen verwendet werden:

Musik: Jede Art von harmonischer Musik kann die Raumqualität positiv beeinflussen. Besonders gut sind die so genannten Ragas für diesen Zweck geeignet, da sie gezielt eingesetzt werden können, um eine bestimmte energetische Qualität zu fördern. Eine Raga ist eine Folge von Tönen, die sich aus unterschiedlichen Intervallen zusammensetzt, um eine bestimmte klangliche Qualität oder Stimmung zu erzielen. Dabei stehen in der indischen Musik nicht nur die zwölf Töne der Oktave, sondern insgesamt zweiundzwanzig Shrutis oder Zwischentöne zur Verfügung. Jede Raga verkörpert eine ganz bestimmte Stimmung oder Emotion und ist einer bestimmten Tageszeit zugeordnet.

Einzelne Töne: Jedem Planeten ist ein bestimmter Ton mit einer bestimmten Frequenz zugeordnet. Mithilfe dieser spezifischen Frequenz lassen sich beispielsweise Vastu-Defekte neutralisieren, die mit der Störung eines bestimmten Planeten in Zusammenhang stehen.

Mantren: Die wirkungsvollste Anwendung von Klang in der Vastu-Korrektur besteht in der Rezitation von Mantren. Ein Mantra ist eine Klangschwingung, die aus Sanskrit-Worten besteht und eine bestimmte energetische Qualität verkörpert. Besonders effektiv ist die Anwendung von Mantren in Verbindung mit dem dazugehörigen Yantra.

Ist an einer bestimmten Stelle im Haus die Anwendung eines Yantras empfehlenswert, so kann zusätzlich das dazugehörige Mantra rezitiert werden. Hierzu setzt oder stellt man sich vor das jeweilige Yantra und spricht langsam und konzentriert die Worte des Mantras jeweils zwölf- oder hundertachtmal. Die folgende Auflistung ordnet den spirituellen Yantras die entsprechenden Mantren zu:

Richtung	**Yantra**	**Mantra**
Nordosten	Jupiter-Yantra	Om namo bhagavate vamanadevaya
Osten	Sonnen-Yantra	Om namo bhagavate ramachandraya
Südosten	Venus-Yantra	Om namo bhagavate parashuramaya
Süden	Mars-Yantra	Om namo bhagavate narasihmhaya
Südwesten	Rahu-Yantra	Om namo bhagavate varahadevaya
Westen	Saturn-Yantra	Om namo bhagavate kurmadevaya
Nordwesten	Mond-Yantra	Om namo bhagavate vasudevaya
Norden	Merkur-Yantra	Om namo bhagavate buddhadevaya

Beim Rezitieren der Mantren sitzt man am besten in Richtung Osten und konzentriert den Blick auf das entsprechende Yantra. Den Mittelfinger der rechten Hand hält man auf den Punkt, der mit dem jeweiligen Defekt in Zusammenhang steht. Dieser Punkt kann das Zentrum des Yantras oder auch einer der energetischen Schlüsselpunkte des Raumes sein.

Virtuelle Wohnraumentstörung

Die feinstofflichste Form der Vastu-Korrektur wird auf der virtuellen Ebene im Bereich der Informationsfelder durchgeführt. Um dieses Prinzip zu erklären, muss man sich zunächst mit dem vedischen Weltbild auseinander setzen, das in den wichtigsten Punkten mit den Erkenntnissen der modernen Naturwissenschaften übereinstimmt. Einer der bedeutendsten dieser Punkte ist die Erkenntnis, dass jeder Gegenstand, jedes Lebewesen und jedes Gebäude mit einem Informationsfeld verbunden ist, das alle Informationen über dessen grobstoffliche und feinstoffliche Beschaffenheit enthält. Die Verbindung zwischen diesem Informationsfeld und der physischen Form eines Objektes findet auf der Subquantenebene und der Ebene der Quantenphysik statt.

In der Medizin wurde in den ersten Jahrzehnten des letzten Jahrhunderts ein technisches Prinzip entwickelt, mit dessen Hilfe man das Informationsfeld eines Objektes auf Defizite analysieren und im Gegenzug mithilfe von Zusendung positiver Information balancieren kann. Dieses System wird als Radionik bezeichnet und wird heutzutage für unterschiedliche Zwecke weltweit mit großem Erfolg angewandt.

Zu den vielfältigen Anwendungsmöglichkeiten der Radionik gehört die gewalt- und chemiefreie Schädlingsbekämpfung in der Landwirtschaft, die Sanierung ökologisch bedrohter Wälder und umgekippter Seen und die vorbeugende und unterstützende Anwendung im medizinischen Bereich.

Das Wirkungsprinzip der Radionik ist mit dem der Homöopathie vergleichbar. In der Homöopathie werden so genannte Globuli verabreicht, das heißt kleine Zuckerkugeln, die den wirksamen Stoff nicht mehr in chemischer Form, sondern nur noch seine Information enthalten. Das gleiche Prinzip macht sich die Radionik zunutze, indem sie das Informationsfeld eines Objektes analysiert und ihm die fehlende Information zur Verfügung stellt. Da die Informationsfelder überräumlicher Natur sind, kann ein radionisches Gerät auch aus der Ferne angewandt werden, falls ein Foto des Zielobjektes zur Verfügung steht.

Mithilfe der Radionik können Vastu-Korrekturen auf virtuelle Weise durchgeführt werden. Fehlt in einem Gebäude beispielsweise ein Nordfenster und besitzt es einen schädlichen Eingang im Süden, so kann mithilfe eines computergestützten radionischen Gerätes im Grundrissplan dieses Gebäudes ein virtuelles Fenster im Norden eingebaut werden und gleichzeitig kann der Haupteingang aus dem Süden in den Osten verlegt werden. Die Information des korrigierten Objektes wird dann mithilfe eines Computers und so genannter Skalarantennen zu dem betreffenden Gebäude gesendet. Diese Methode sollte jedoch erst dann zur Anwendung kommen, wenn die Möglichkeiten aller anderer Korrekturmittel ausgeschöpft wurden.

Überblick über alle feinstofflichen Korrekturmittel

Korrekturebene	Verwendung
Yantras	Spezifische Vastu-Defekte, die mit baulichen Maßnahmen nicht behoben werden können
Meruchakra	Generelle Stärkung der weiblichen Energien im Haus; Stärkung der organischen Lebensenergie; Stärkung des Geldbereichs im Norden; Einsatz im Nordosten zur Behebung von energetischen Vastu-Defekten
Vasati-Pyramide	Stärkung aller Energien im Haus; Verstärkung der im Haus aufgehängten Yantras; Korrektur von Vastu-Defekten auf der energetischen und karmischen Ebene; Positionierung in der Mitte des Hauses oder eines Raumes
Raumakupunktur	Spezifische Harmonisierung der Energien eines einzelnen Raumes; gezielte Behandlung energetischer Schlüsselpunkte
Mantren	Unterstützung der Wirkung von Yantras durch Rezitieren der dazugehörigen Mantren
Radionik (virtuelle Korrektur)	Korrektur schwerwiegender Vastu-Defekte, die mit baulichen Maßnahmen nicht zu beheben sind

Zur systematischen Korrektur einer Wohnung oder eines Hauses nach Vastu hat der Autor dieses Ratgebers ein System entwickelt, mit dem jeder in 108 einfachen Schritten die Wohnraumqualität seiner Wohnung oder seines Hauses verbessern kann. Die in diesem Kapitel vorgestellten Korrekturmittel werden zum größten Teil in den 108 Schritten angewandt. Dieses 108-Schritte-Programm ist in Form eines Vastu-Praxisbuches mit einem ergänzenden Test- und Arbeitsbuch erschienen.

Nachwort

Im Vastu sieht man jedes Haus als einen Tempel an – das kann man natürlich auch im Äußeren sichtbar machen, indem man sich im Nordosten der Wohnung einen persönlichen Bereich für spirituelle Tätigkeiten einrichtet: mit einem Altar, einer Heiligenfigur oder einem spirituellen Bild.

Wenn man die Vastu-Prinzipien umsetzt, wird die Wohnung automatisch zu einem Kraftplatz. Allerdings ist es noch wichtiger, was man in den Räumen tut. Man heiligt den Raum durch das, was man darin tut – also durch seine Tätigkeiten, seinen Lebenswandel, die Meditation und das Gebet.

Literaturverzeichnis

Deutsche Bücher über Vastu

Die Kraft lebendiger Räume, Das große Vastu-Buch, Marcus Schmieke, AT-Verlag 2000

Das Yoga des Wohnens, Wohnen und Bauen nach den Gesetzen des Vastu, Marcus Schmieke, Silberschnur 1999

Haus, Mensch und Kosmos, Wie Vastu unsere Zukunft beeinflusst, Marcus Schmieke, Silberschnur 1999

Das Vastu-Praxisbuch, 108 Schritte zu mehr Wohn- und Lebensqualität, Marcus Schmieke, Silberschnur 1999

Vasati und Ayurveda – Gesund durch Wohnen mit dem modernen Vastu, Marcus Schmieke, Vedasan 2000

Vastu, Die indische Lehre vom gesunden Bauen und Wohnen, Brigit Frohn und Hans-Heinrich Rhyner, Irisiana, München 1999

Englische Bücher über Vastu

Remedial Vaasthushastra, Bhojraj Dwivedi, Diamond Pocket Books, New Delhi 1998

Sampuran Vaasthushastra, Bhojraj Dwivedi, Diamond Pocket Books, New Delhi 1997

Vastuvidyapravesika, A Text Book of Vastuvidya, Balagopal Prabhu, A. Achyuthan, Vastuvidyapratisthanam, Calicut 1996

Design in Vastuvidya, Balagopal Prabhu, A. Achyuthan, Vastuvidyapratisthanam, Calicut 1997

Manushyalayachandrika, An Engineering Commentary of Tirumangalat Nilakanthan Musat, Balagopal Prabhu, A. Achyuthan, Vastuvidyapratisthanam, Calicut 1998

Vastu, Astrology and Architecture, Gayatri Devi Vasudeva, Mortilal Banarsidass Publishers, Delhi 1998

The Penguin Guide to Vaastu, Sashikala Ananth, Viking, New Delhi 1998

The Amazing Science of Vaastu, A. R. Hari, A. H. Sudeep, Ramya Mudrana, Bangalore 1995

Vaastu Shastra, Redefined, reinterpreted and illustrated, Dr. V. Ganapathi Sthapati, Vaastu Purusha Publishing House, Madras 1997

Your Fortune from thy House (Vastu Shastra), R. G. Rao, Sagar Publications, New Delhi 1995

Varahamihiras Brihat Samhita, M. Ramakrishna Bhat, Mortilal Banarsidass, Delhi 1982

Vastushastra, An Edifice Science, A. R. Tarkhedkar, Cosmo Publishing House, India, Dhulia 1995

Principles and Practice of Vastu Shastra, V. V. Raman, Vidya Bhavan, Jaipur 1996

Vedic Architecture and Art of Living, A Book on Vastu Shastra, B. B. Puri, Vastu Gyan Publication, Delhi 1995

Hidden Treasure of Vastu Shilpa Shastra and Indian Traditions, Derebail Muralidhar Rao, SBS Publishers, Bangalore 1995

The Secret World of Vaasthu, Gouru Tirupati Reddy, Prajahita Publishers, Hyderabad 1996

Geomantie und Bäume

Schule der Geomantie, Marko Pogacnik, Knaur, München 1996

Die Kraft des Ortes, Die Energie der Erde erspüren, erkennen und nutzen, Stefan Brönnle, Falken, Niedernhausen 1998

... und du begleitest mich, Wie Bäume und Hölzer dem Menschen nützen, Erwin Thoma, Edition Thoma, St. Johann 1999

... dich sah ich wachsen, Über das uralte und das neue Leben mit Holz, Wald und Mond, Erwin Thoma, Edition Grüne Erde, Scharnstein 1996

Bäume helfen heilen, Manfred Himmel, Bauer, Freiburg 1997

Architektur und Baukunst

Die vier Bücher zur Architektur, Andrea Palladio, Artemis, München 1993

Baukunst, Marcus Vitruv, Zehn Bücher über Architektur, Artemis, München 1987

Das Gesunde Haus, Unser naher Umweltschutz, Hubert Palm, ORDO-Verlag, Kreuzlingen 1992

Vedische Astrologie

Indische Mondastrologie, Die 27 Frauen des Mondes, Florian Euringer, Ariston, Genf 1989

The Astrology of the Seers, David Frawley, Mortilal Banarsidass, Delhi 1992

Yantras

Yantra, Madhu Khanna,Thames and Hudson, London 1997

Practicals of Yantras, L.R. Chawdhri, Sagar Publications, Delhi 1984

Wissenschaft

Das Lebensfeld, Naturwissenschaftliche Grundlagen einer spirituellen Auffassung vom Leben, Marcus Schmieke, INES-Verlag, Weißenstein 1997

Das letzte Geheimnis, Naturwissenschaft und Bewußtsein, Marcus Schmieke, INES-Verlag, Frankfurt/M. 1995

Feinstoffliche Energien in Naturwissenschaft und Medizin, Marcus Schmieke (Hrsg.), Weißenstein 1997

Postmortale Zustände, Burkhard Heim, Resch Verlag, Innsbruck 1984

Einheitliche Beschreibung der Materiellen Welt, Burkhard Heim, Resch Verlag, Innsbruck 1989

Vedisches Wissen

Shrimad Bhagavatam, A. C. Bhaktivedanta Swami Prabhupada, Bhaktivedanta Book Trust, Vaduz, Vaduz 1983

Bhagavad-gita Wie sie ist, A. C. Bhaktivedanta Swami Prabhupada, Bhaktivedanta Book Trust, Vaduz, Vaduz 1987

Gott und die Götter, Der multidimensionale Kosmos, Band 1, Govinda-Verlag, Zürich 1995

Über Marcus Schmieke

Marcus Schmieke, geboren 1966 in Oldenburg, ist mit seinen zahlreichen Büchern der Pionier des Vastu in Europa und der Begründer des Vasati. Nach seinem Studium der Physik in Hannover und Heidelberg unternahm er längere Studienreisen nach Indien, wo er in Klöstern nach seiner Einweihung in eine vedische Schülernachfolge unter anderem Vastu, vedische Astrologie, Sanskrit und vedische Philosophie und Metaphysik studierte. Sein Vastu-Studium absolvierte er mit Auszeichnung an dem angesehenen südindischen Institut Vastuvidyapratisthanam. Die vedische Astrologie studierte er bei verschiedenen Meistern Nordindiens.

Sein Lehrbuch über Systemisch-Vedische Astrologie ist das Ergebnis seines eigenen vieljährigen intensiven Weges durch den Dschungel der vedischen Astrologie. Sowohl bei seinen Indienreisen als auch bei seinem Studium der vedischen Schriften begegnete Marcus Schmieke Dutzenden astrologischer Systeme und Lehrer, doch keines dieser Systeme konnte seine zwei wichtigsten Ansprüche zufrieden stellen: Er suchte nach einem System, das erstens widerspruchsfrei und praktisch anwendbar ist und zweitens innerhalb einer überschaubaren Zeit vollständig vermittelbar ist. Erst durch die Begegnung mit zwei wichtigen Lehrern hat sich dieser Dschungel vollständig gelichtet.

Mit der Systemisch-Vedischen Astrologie fasst Marcus Schmieke die Lehren zweier der größten zeitgenössischen Meister vedischer Astrologie zu einem praktischen System zusammen, das sich in ein bis zwei Wochen vermitteln und verstehen lässt und gleichzeitig einen tiefen spirituellen Hintergrund besitzt. Die besonderen Eigenschaften dieser Synthese sind:

- Die Konzentration auf weniger als 20% der in einem Horoskop enthaltenen Information erbringt mehr als 80% Effektivität in der Vorhersage wichtiger Lebensereignisse.
- Die vollständigen Grundlagen der Systemisch-Vedischen Astrologie können innerhalb von 7 Tagen erlernt werden.
- Für jede karmische Schwäche, die im Horoskop eines Menschen entdeckt wird, stehen wirkungsvolle astrale Hilfsmittel zur Verfügung, um die negativen Einflüsse zu reduzieren und die positiven zu stärken.

Im Jahre 1994 gründete Marcus Schmieke die Zeitschrift *Tattva Viveka* als Forum für Wissenschaft, Philosophie und spirituelle Kultur, worauf einige Buchveröffentlichungen über Naturwissenschaft, Lebensprozesse und Bewusstsein folgten (*Das letzte Geheimnis*, 1995, *Das Lebensfeld*, 1997, *Feinstoffliche Energien in Naturwissenschaft und Medizin*, 1997).
Mit der Gründung der Veden-Akademie auf Schloss Weißenstein 1996 schuf er ein Institut zur Integration von Wissenschaft und Spiritualität, das sich über die Grenzen Deutschlands hinweg einen Namen machte. Seit 1998 in der Sächsischen Schweiz ansässig, konzentriert sich die Forschung und Lehre der Veden-Akademie vor allem auf Vasati, Vastu, Ayurveda, Sanskrit und vedische Astrologie (Jyotish).
Marcus Schmiekes umfassendstes Vastu-Buch *Die Kraft lebendiger Räume* ist zu einem Standardwerk des Vastu in deutscher Sprache geworden. In seinem Buch *Die 12 Erfolgsgesetze richtigen Wohnens* formulierte er zum ersten mal die 12 Naturgesetze der Baukunst. Auf der Grundlage dieses offenen Systems der Baukunst entwickelte er die erste Vasati-Ausbildung und das erste Vasati-Fernstudium Europas. Er betreut Vasati-Studenten in mehr als zehn Ländern. Seine sieben Bücher zu diesem Thema sind in mehr als 12 Sprachen übersetzt worden und selbst in Indien, dem Ursprungsland des Vastu, erschienen.
Seine neueren Bücher *Dein kosmischer Bodyguard*, *Das Edelsteinorakel* und *Planeten-Essenzen* beschäftigen sich vor allem mit der Umsetzung der vedischen Astrologie im praktischen Leben.
Neben seiner Arbeit als Ausbilder für Vasati und vedische Astrologie, Autor und Wissenschaftler ist Marcus Schmieke heute vor allem als Planer von Vasati-Häusern in der ganzen Welt tätig und führt auch international astrologische Beratungen durch.

Ausbildungen der Veden-Akademie „Burg Schöna"

Vasati – Die 12 Naturgesetze des gesunden Wohnens und Bauens

Vasati ist die moderne Form des Vastu, dem indischen Ursprung des Feng Shui. Es ist ein komplexes und doch klares System, im Einklang mit den Naturgesetzen zu wohnen und zu bauen, das auf den jahrtausendealten Überlieferungen des Vastu und den Erkenntnissen der modernen Naturwissenschaften basiert.
In den zwei Seminarwochen, dem Praktikum und der Diplomarbeit dieser Intensiv-Ausbildung erlernt der Student alles, was er zur Beurteilung und Korrektur einer Wohnung und zur Planung eines Hauses nach Vasati wissen muss.

Vasati-Berater
7-Tages-Seminar Vasati I und Praktikum zu Hause

- Die 12 Naturgesetze des Vasati
- Die Astrologie des Wohnraumes
- Korrektur von Wohnungen auf 9 Ebenen
- Analyse und Korrektur des Grundrisses der eigenen Wohnung

Dieser Ausbildungsabschnitt qualifiziert den Absolventen dazu, professionell Wohnungen und Häuser nach Vasati zu beurteilen und sowohl mit physischen als auch mit feinstofflichen Mitteln zu korrigieren.

Vasati-Planer

7-Tages-Seminar Vasati II und Diplomarbeit zu Hause
- Proportionen und Maße im Bau
- Der Vasati-Design-Prozess
- Energiegitternetze und heilige Geometrie im Bau
- Planung des eigenen Wunschhauses nach Vasati

Der Vasati-Planer befähigt den Absolventen dazu, Gebäude nach Vasati zu planen bzw. Architekten und Bauherren bei der Planung zu beraten. Die gesamte Ausbildung kann in sechs bis zwölf Monaten abgeschlossen

werden und wird mit den beiden Diploms Vasati-Berater und Vasati-Planer des Veden-Akademie e.V. honoriert.
Die Vasati-Ausblidung kann bei gleichem Inhalt auch in Form eines Fernstudiums absolviert werden.

Ausbildungsleiter und Seminargeber: Marcus Schmieke

Vedische Astrologie – Die Wirkung der Zeit verstehen und beeinflussen

Die Astrologie gilt in der vedischen Kultur als die Königin der Wissenschaften. Alle anderen Aspekte der Wissens- und Lebensbereiche hängen von ihr ab. Sowohl Vasati als auch Ayurveda und das Chanten von Mantras werden traditionellerweise auf der Grundlage astrologischer Analysen praktiziert.
Diese Ausbildung vermittelt die vollständigen Grundlagen, die man benötigt, um die vedische Astrologie sowohl im privaten Bereich als auch professionell anzuwenden.
Diese Behauptung ist erstaunlich, da es in der herkömmlichen indischen Astrologie nicht möglich ist, sich eine arbeitsfähige Grundlage innerhalb weniger Monate zu erarbeiten.
Die Systemische Vedische Astrologie ermöglicht dies jedoch, indem sie sich auf weniger als 20% der aus einem Horoskop erhältlichen Informationen konzentriert und mit deren Hilfe über 80% Effektivität in der Interpretation ableitet. Die Ausbildung ist wie das Vasati-Studium in zwei Teile untergliedert:

7-Tages-Seminar Systemische Vedische Astrologie I und Praktikum zu Hause

- Grundlagen der Systemischen Vedischen Astrologie
- Individuelle Korrekturmittel für negative Planeteneinflüsse
- Zeitliche Manifestation des Karmas nach planetaren Perioden
- Zeitliche Manifestation nach Transits

7-Tages-Seminar Systemische Vedische Astrologie II und Diplomarbeit

- Grundlagen der medizinischen Astrologie
- Untercharts für alle Lebensbereiche
- Yogas und klassische Planetenkombinationen; Nakshatras; vedische
- Mondastrologie usw.
- Spirituelle Astrologie

Das besondere an der Systemischen Vedischen Astrologie ist die Beschränkung auf das Wesentliche, was ermöglicht, dass diese komplexe Wissenschaft in kurzer Zeit erlernt werden kann.

Ausbildungsleiter und Seminargeber: Marcus Schmieke

MaHaBote – Der kleine Schlüssel zu 6 Milliarden Menschen. Die erleuchtete Astrologie burmesischer Mönche

„Diejenigen, die nur an einen möglichen Tierkreis glauben, sollten nach Burma gehen und MaHaBote, die burmesische Astrologie, kennen lernen. Obwohl sie weder den westlichen noch den indischen Tierkreis verwendet, sondern ganz ohne einen solchen auskommt, macht sie extrem genaue ereignisorientierte Voraussagen für die Zukunft."

(James Braha, Autor des Weltbestsellers *Die indische Mondastrologie*)

„Da seine Schönheit in seiner Einfachheit liegt, vermittelt sich MaHaBote dem ernsthaften Studenten in vielleicht vier bis sechs Stunden. Es ist wahrhaftig eine großartige Hilfe und Bereicherung zu den komplexeren Systemen der Astrologie. Ich hoffe, ihr werdet dieses System umarmen und es in dem Maße genießen, wie ich es über all die Jahre getan habe. Habe ich wenig Zeit oder bin einfach neugierig, leistet es eine unschätzbare Arbeit! Hat ein Klient eine Frage, stellt es eine große Hilfe dar! Es ist wie ein kleiner Freund."

(Sandy Crowther, eine führende Astrologin der USA)

Ungefähr im Jahr 1065 AD konzentrierten erleuchtete burmesische Mönche die vedische Astrologie so sehr, dass daraus die einfachste Astrologie der Welt entstand. Sie erkannten, dass sich die Menschen in insgesamt 56 verschiedene Archetypen unterteilen lassen. Um das MaHaBote-Horoskop eines Menschen zu erstellen, braucht man lediglich das Jahr und den Wochentag, an dem ein Mensch geboren wurde. Jedes Jahr wird von einem der sieben Planeten beherrscht und jeder Wochentag von einem der acht Planeten (inklusive Rahu). Beides zusammen ergibt 56 Kombinationen.

Das MaHaBote-Horoskop leistet die folgenden Dinge:

- Analyse des Charakters und der energetischen Konstitution eines Menschen
- Es gibt Schlüssel, wie man die Planetenenergien in seinem Leben optimal einsetzen kann
- Es beschreibt über Jahrestransits die jährliche energetische Entwicklung eines Menschen

- Es beantwortet Fragen mithilfe einer direkten und einfachen Prashna-Technik
- Es bestimmt sehr schnell und einfach die beste Himmelsrichtungen für verschiedene Zwecke (Arzt-Besuch, Arbeitsplatz, Schlafplatz usw.)
- Es empfiehlt einfache karmische Korrekturmittel für das Horoskop

Das MaHaBote-Homestudy-Set umfasst:

- 7 Lektionen mit Aufgaben und versiegelten Lösungen für Ihre Kontrolle
- Lehrvideo zur Einführung
- Umfangreiche Software zur Erstellung des MaHaBote-Horoskops, Berechnung der Planetenphasen, Jahrestransits und Interpretation
- Sammlung aller 56 Horoskope mit Interpretationstexten
- Betreuung durch Marcus Schmieke
- Auf Wunsch: Schriftliches Examen mit Diplom-Verleihung

Beginn: jederzeit möglich

Die gleiche Ausbildung wird auch in Form eines zweitätigen Wochenend-Intensiv-Seminars angeboten.

Ausbildungsleiter und Seminargeber: Marcus Schmieke

Weiterhin bietet die Veden Akademie Ausbildungen und Fernkurse in den Bereichen: Ayurveda, Sanskrit und Mantras an. Bitte fordern Sie unseren vollständigen Seminar- und Ausbildungsprospekt an.

Prashna – Astrologische Klärung wichtiger Lebensfragen (ohne Geburtshoroskop)

Prashna ist die Methode, die Frage einer Person ohne Berücksichtigung des Geburtszeitpunktes zu beantworten, indem der Zeitpunkt der Frage als Grundlage genommen wird. Hierbei geht man davon aus, dass der Zeitpunkt, zu dem eine bestimmte Frage entsteht und gestellt wird, astrologisch gesehen bereits ihre genaue Antwort enthält.
Wird für eine Person ein Prashna erstellt und diese Person kontaktiert den Astrologen wieder, so wird das erste Prashna zugrunde gelegt und weiterhin wie ein Geburtshoroskop gelesen.

Vedisches Horoskop (Kavaca-Horoskop)

Sie erhalten auf der Grundlage Ihrer Geburtsdaten eine individuelle Auswahl von astralen Hilfsmitteln zum Ausgleich von Schwächen Ihres Geburtshoroskops. Es enthält auf ca. 8 DIN A4 Seiten Vorschläge zu den folgenden Hilfsmitteln:

- Welche Farben unterstützen mich und welche sollte ich vermeiden?
- Welcher Edelstein beschützt mich gegenwärtig am meisten?
- Empfehlung individuell ausgewählter Mantras und Zeremonien
- Empfehlung von individuell ausgewählten Yantras zum energetischen Ausgleich
- Empfehlung individueller Tätigkeiten zur Unterstützung und Transformation der Planetenenergien
- Auswahl des geeigneten Zeitpunktes zum Beginn der empfohlenen Schutzmaßnahmen
- Individuelle Bemerkungen zu den starken und schwachen Bereichen des Horoskops und der Wirkung der astralen Schutzmaßnahmen auf diese Lebensbereiche
- Eine Analyse wichtiger starker und schwacher planetarer Phasen Ihres Horoskops sowohl für die Zukunft als auch für die Vergangenheit

Das Kavaca-Horoskop umfasst keine ausführliche Analyse Ihres Horoskops, beinhaltet jedoch effektive Vorschläge, wie Sie planetaren Schwächen entgegenwirken können.

Benötigen Sie Hilfe zur Klärung wichtiger Lebensfragen auf der Grundlage eines Horoskops oder Prashna-Horoskopes oder wünschen Sie ein Kavaca-Horoskop, so wenden Sie sich bitte an den Autor.

Marcus Schmieke
Hirschgrund 94
01814 Schöna
Tel. 035028-85855 oder 80088
Fax 035028-85851
Marcus.Schmieke@t-online.de

Die Veden-Akademie „Burg Schöna"

Informationen zu den Ausbildungen des Autors und Unterstützung für die Durchführung der in diesem Buch beschriebenen Vorgänge erhalten Sie bei der Veden-Akademie und direkt beim Autor. Wünschen Sie die Anfertigung eines individuellen Horoskops, wenden Sie sich bitte direkt an den Autor:

Veden-Akademie „Hujets Mühle"
Marcus Schmieke
Hirschgrund 94
01814 Schöna
Tel. 035028-85855 oder 80088 · Fax 035028-85851
Marcus.Schmieke@t-online.de
www.vasati.de
www.vedic-academy.com
www.veden-akademie.de

Internetadressen

www.vasati.de	deutsche Webseite zum Thema Vasati
www.veden-akademie.de	deutsche Webseite über vedisches Wissen
www.vedic-academy.com	englischsprachige Webseite; Online-Akademie für vedisches Wissen
www.planeten-essenzen.de	deutsche Webseite zu den Planetenessenzen